españa

siglo XXI

Curso monográfico
sobre la España contemporánea

Sebastián Quesada Marco

MUESTRA GRATUITA

edelsa

GRUPO DIDASCALIA, S.A.
Plaza Ciudad de Salta, 3 - 28043 MADRID - (ESPAÑA)
TEL.: (34) 914.165.511 - (34) 915.106.710
FAX: (34) 914.165.411
e-mail: edelsa@edelsa.es - www.edelsa.es

Primera edición: 2004

© Edelsa Grupo Didascalia, S.A. Madrid 2004.
Autor: Sebastián Quesada Marco.

Dirección y coordinación editorial: Departamento de Edición de Edelsa.
Diseño de Cubierta: El Ojo del Huracán, S.L.
Maquetación y diagramación: Departamento de Imagen de Edelsa.

Imprenta: Egedsa.

ISBN: 84-7711-594-X
Depósito legal: B-38159-2004
Impreso en España
Printed in Spain

Fuentes, créditos y agradecimientos:

Logotipos:

• Antena 3, Cadena COPE, Televisión Española: pág. 71.
• Chunta Aragonesista, Coalición Canaria, Convergència i Unió, Esquerra Republicana de Catalunya, Eusko Alkartasuna, Izquierda Unida, Los Verdes, Partido Nacionalista Vasco: pág. 28.
• Partido Popular: págs. 17, 28.
• Partido Socialista Obrero Español: págs. 15, 28.
• Confederación Nacional del Trabajo, Comisiones Obreras, Unión General de Trabajadores, Unión Sindical Obrera: pág. 29.
• Instituto Cervantes: pág. 35.
• Amnistía Internacional: pág. 51.
• General Motors España, Repsol YPF, Altadis, Renault, SEAT: pág. 64.
• Ave: pág. 68.

Fragmentos de periódicos y revistas:

• ABC: págs. 93, 94, 97.
• Ahorro. Revista de la Confederación Española de Cajas de Ahorros: pág. 53.
• El adelantado de Segovia: pág. 97.
• El Correo digital: pág. 78.
• El Mundo: págs. 40, 66, 81, 85, 91, 104.
• El País: págs. 14, 32, 37, 39, 62, 68, 79.
• El Periódico de Catalunya (Ediciones Primera Plana, S. A.): págs. 55, 61, 101.
• El Vigía: pág. 69.
• Época: pág. 35.
• Estrella digital: págs. 67, 102.
• Expansión: 96.
• Interviú: pág. 96.
• La Razón digital: pág. 45.
• La Vanguardia digital: págs. 54, 78.
• Revista Tiempo: pág. 24.

Fotografías:

• Cordon Press: págs. 9, 14, 17.
• Casa Real española: págs. 8, 10, 16, 20, 21, 29, 58, 71, 102.
• Fuerzas Armadas españolas: pág. 39.
• Editorial Tusquets (cubierta de *Soldados de Salamina*, de Javier Cercas): pág. 79.
• Sogecable (carátula de *Los lunes al sol*): pág. 93.
• Producciones Enrique Cerezo (carátula de *Juana la Loca*): pág. 84.
• Producciones Tesela (carátula de *El Bola*): pág. 84.

Notas:

-La editorial Edelsa ha solicitado los permisos de reproducción correspondientes y da las gracias a quienes han prestado su colaboración, entre otros, a TVE/RTVE.
-Las imágenes y documentos no consignados más arriba pertenecen al archivo fotográfico de Edelsa.

Este manual tiene como objetivo facilitar a los estudiantes de español el conocimiento de la realidad plural -sociedad, economía, política, arte, literatura, ciencia, costumbres, mentalidades, problemas, etc.- de la España contemporánea. La imagen del país que aquí se ofrece es la actual, la reflejada y transmitida por los medios de comunicación, por las encuestas, por las publicaciones especializadas y por los analistas de la actualidad. Por tratarse de un manual de divulgación, no de un libro de tesis, se ha procurado simplificar la sintaxis y evitar los subjetivismos y los tecnicismos.

El autor

Índice

1 España

Galicia: Playa de La Lanzada   Andalucía: campo de olivos   Baleares: puerto pesquero   Cantabria: paisaje típico   Canarias: ?

España está situada en el extremo suroccidental del continente europeo. Tiene una superficie total de 505.990 km², de los cuales el 97,55% corresponde al territorio peninsular, el 0,99% al archipiélago mediterráneo de las islas Baleares, el 1,45% al archipiélago atlántico de las islas Canarias y el 0,1% a las ciudades de Ceuta y Melilla, situadas en el norte de África. Es el tercer país más extenso de Europa y tiene fronteras con Francia, Portugal, Andorra y la colonia inglesa de Gibraltar. Ceuta y Melilla limitan con Marruecos.

- El territorio español presenta una gran diversidad natural.
- La mayor parte posee rasgos geográficos y clima mediterráneos; en la España verde, comprendida entre Galicia y el Pirineo oriental, predominan los oceánicos.
- La altitud media del relieve es muy alta, en torno a los 660 m.
- Madrid es la capital europea situada a mayor altura: 650,7 m.
- Las costas son rectilíneas, excepto en Galicia, lo que dificulta la penetración de la influencia marítima en el interior.
- El régimen de los ríos es irregular, a causa del clima y de las precipitaciones.

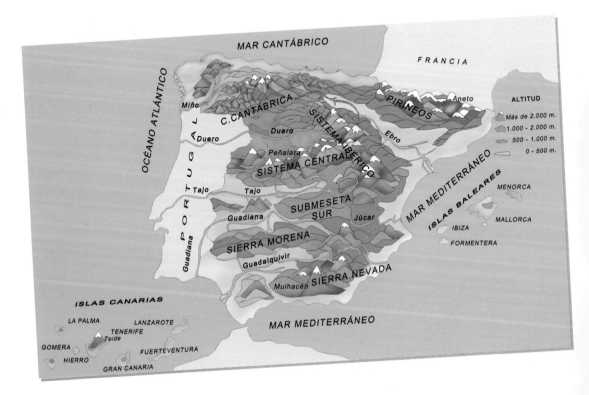

Vista panorámica

| Castilla: molinos de viento | País Vasco: caserío | Madrid: Palacio Real | Cataluña: Sagrada Familia |

Datos generales

Régimen político:	Monarquía parlamentaria.
Jefe del Estado:	El rey D. Juan Carlos I de Borbón.
Sistema de representación nacional:	Cortes Generales, formadas por Congreso y Senado. Las elecciones generales se celebran cada cuatro años.
Organización territorial del Estado:	17 comunidades autónomas, 2 ciudades autónomas, –Ceuta y Melilla–, provincias y municipios.
Capital:	Madrid.
Ciudades principales:	Barcelona, Valencia, Sevilla, Zaragoza, Málaga, Murcia, Las Palmas de Gran Canaria, Palma de Mallorca, Bilbao.
Moneda:	Euro.
Lenguas oficiales:	Español o castellano (catalán, gallego y vasco son también oficiales en las respectivas comunidades autónomas).
Religión:	83% de católicos, de los cuales, el 20% son practicantes. Minorías de protestantes, musulmanes, judíos y otras confesiones.

Datos socioeconómicos

Población total de España: **42.717.064 habitantes (1 de enero de 2003).**
Densidad de población: **periferia litoral e islas: 144 habitantes por km²; interior: 44 habitantes por km², con excepción de Madrid.**
Distribución de la población por sexos:
    Mujeres: **50,8%.**
    Hombres: **49,50%.**
Distribución de la población por edades **(2001)**:

Edad	%Población
0–15	15,7
15–64	67,4
65 y más	17,0

Esperanza de vida:
    Mujeres: **83,36 años**   Hombres: **76,62 años**
Causas más frecuentes de mortalidad: **patologías cardiovasculares: 38.788 defunciones; cáncer: 37.000 defunciones; accidentes de tráfico: 5.696 defunciones (2003).**
Mortalidad infantil cada 1.000 habitantes: **0,5.**
Médicos por 1.000 habitantes: **4,35.**
Número de abortos anuales: **77.125 (2003).**
Población urbana: **76,5%.**
Sectores de ocupación:
    Servicios: **62,9%.**
    Industria y construcción: **31,2%.**
    Agricultura, ganadería y pesca: **5,9%.**
Tasa de población activa entre 15 y 64 años: **56,3% del total de población.**
Crecimiento real del PIB: **2,0% (1995–2002), 2,4% en 2003 (0,4 de media en Europa).**
Renta anual por habitante: **18.300 euros.**
Salario mínimo interprofesional: **490 euros mensuales (2004).**
Tasa de desempleo: **9,18% (marzo de 2003).**
Tasa de inflación: **2,5% (2001); 2,6% (2003).**
Número de afiliados a la Seguridad Social: **16.840.449 (febrero de 2004).**

Población extranjera

2.664.169 (6,24% de la población total), según padrón de 1 de enero de 2003.

Comunidades autónomas con mayor proporción de población extranjera:
Baleares: **13,35%.**
Madrid: **10,3%.**
Cataluña: **8,1%.**
Comunidad Valenciana: **9,25%.**

Procedencia de los inmigrantes:

América Central y del Sur: 38,6%.
Unión Europea: **22%.**
África: **19,5%.**
Europa no comunitaria: **13%.**
Asia: **5%.**
América del Norte: **1,5%.**
Resto del mundo: **0,4%.**

(Fuentes: Instituto Nacional de Estadística (INE), Instituto Español de Comercio Exterior (ICEX), Banco de España, Centro de Investigaciones Sociológicas (CIS))

Manifestación contra el terrorismo   Juan Carlos I   Penélope Cruz   Ciudad de las Ciencias. Valencia   Raúl Gon

Tiempos

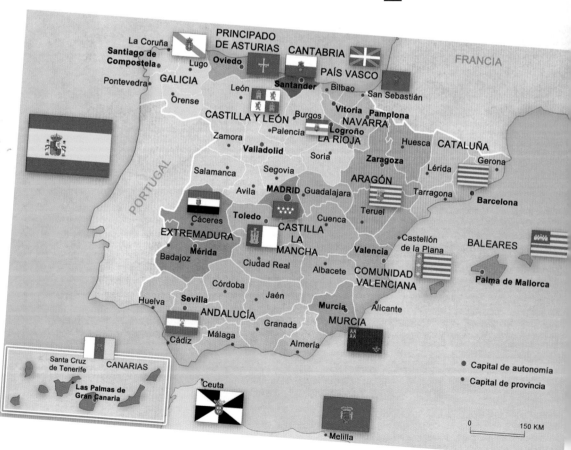

MADRID
2012

José María Aznar López   Candidatura Olímpica de Madrid   Plaza de Castilla. Madrid   José Luis Rodríguez Zapatero

nuevos

Foto de familia. Los reyes y los príncipes

Boda de los Príncipes de Asturias.
S.A.R.* Don Felipe de Borbón y
S.A.R. Doña Letizia Ortiz Rocasolano

*S.A.R.:Su Alteza Real

- España posee una gran riqueza y variedad cultural, lingüística y artística. Cuenta con gran número de bienes declarados Patrimonio de la Humanidad por la UNESCO*.
- Es uno de los países con mayor esperanza de vida.
- Es la décima potencia económica mundial.
- Es la sexta potencia mundial por su nivel de inversiones en el exterior.
- Es el octavo contribuyente a la ONU*, el decimocuarto en la distribución equitativa de la riqueza y el octavo en PIB*.
- Se encuentra entre los países de la UE* llamados "virtuosos", por haber conseguido o estar próximos a conseguir el equilibrio presupuestario.
- Es el tercer país más elegido por los estudiantes europeos que disfrutan de becas *Erasmus*.
- Ha pasado de ser un país emisor de emigrantes a receptor de inmigrates.
- Exporta capitales y tecnología.
- Se encuentra entre los tres primeros países del mundo por el número de visitantes y de ingresos por turismo.
- Posee unas 8.000 especies de plantas y 60.000 de animales, lo que es un caso único en Europa. En su territorio se encuentran 27 de las 425 Reservas de la Biosfera que hay en el mundo.

UNESCO: Organización de las Naciones Unidas para la Educación, la Ciencia y la Cultura.
ONU: Organización de las Naciones Unidas.
PIB: Producto Interior Bruto.
UE: Unión Europea.

Francisco Franco   Luis Carrero Blanco   Carlos Arias Navarro   El príncipe Juan Carlos

"Españoles, Franco ha muerto"

Anuncio de Arias Navarro. 20 Noviembre de 1975

La muerte del general Franco el 20 de noviembre de 1975 inauguró un periodo de incertidumbre política. El principal problema que se planteaba en ese momento era encontrar una fórmula, en el marco de la legalidad vigente, que permitiera la evolución pacífica hacia la democracia, que era reivindicada mayoritariamente por el pueblo español. La coyuntura económica, sin embargo, no favorecía el cambio. Desde 1960, la tasa de crecimiento era superior a la media de la Europa occidental, pero a partir de la crisis del petróleo de 1973 dio comienzo una etapa de recesión que se tradujo en aumento del paro y de la inflación. Por otro lado, la muerte de Franco fue aprovechada por los grupos terroristas, sobre todo por ETA, para aumentar el número y la brutalidad de sus atentados. Tanto el terrorismo de extrema izquierda como el de extrema derecha coincidían en el objetivo de impedir la democratización del país. Sin embargo, a pesar de que las circunstancias de partida no eran las más propicias para el optimismo, la moderación ideológica del pueblo español, el apreciable desarrollo económico alcanzado y la hábil intervención del Rey y de los políticos reformistas facilitaron la instauración de la democracia.

Juan Carlos I es proclamado Rey. 22 de noviembre de 1975.

La Transición Democrática

El rey Juan Carlos I   Adolfo Suárez   Leopoldo Calvo Sotelo   Felipe González   José María Aznar

Don Juan Carlos I de Borbón fue proclamado Rey de España el 22 de noviembre de 1975. Tras la dimisión en julio de 1976 de Carlos Arias Navarro, presidente del Gobierno franquista, el Consejo del Reino presentó al Rey tres nombres, entre los que eligió a Adolfo Suárez, un joven político de su generación, centrista y reformista, para ocupar la presidencia. El nuevo primer ministro buscó el consenso de toda la nación y puso en marcha el proceso que conduciría al reconocimiento del pluralismo político y a la sustitución del régimen dictatorial por la democracia. Las Cortes franquistas aprobaron la Ley para la Reforma Política (18 de noviembre de 1976), que fue masivamente aceptada por el pueblo en el referéndum del 15 de diciembre de ese mismo año: 94,16% de votos afirmativos y 2,56% de votos negativos. La Ley afirmó la inviolabilidad de los derechos de los ciudadanos y atribuyó al Gobierno la facultad de regular y convocar las elecciones. El 18 de marzo de 1977 fue promulgada la Ley Electoral y el 15 de junio se celebraron las elecciones, **las primeras libres desde la Segunda República,** para elegir a los diputados de las Cortes Constituyentes.

ELECCIONES GENERALES DE JUNIO DE 1977

Partido	Votos	% Votos	Escaños
UCD	6.309.517	34,52%	166
PSOE	5.338.107	29,20%	118
PCE-PSUC	1.711.906	9,37%	20
AP	1.471.527	8.05%	16
PSP-US	816.754	4,47%	6
PDC	514.647	2,82%	11
PNV	296.193	1,62%	8
UDC-CD	172.791	0,95%	2
ES-FED	143.954	0,79%	1
CIC	67.017	0,37%	2
EE-IE	61.417	0,34%	1

UNION DE CENTRO DEMOCRATICO

UCD (Unión de Centro Democrático); PSOE (Partido Socialista Obrero Español); AP (Alianza Popular); PCE-PSUC (Partido Comunista de España-Partido Socialista Unificado de Cataluña); PSP-US (Partido Socialista Popular-Unidad Socialista); PDC (Pacto Democrático por Cataluña); PNV (Partido Nacionalista Vasco); UDC-CD (Unión del Centro y la Democracia Cristiana de Cataluña); EC-FED (Esquerra de Catalunya-Frente Electoral Democrático); CIC (Candidatura Independiente de Centro); EE-IE (Euskadiko Ezquerra-Izquierda de Euskadi).

Partidos de centro-derecha y derecha: UCD, AP, PDC, PNV, UDC-CD, CIC.
Partidos de centro-izquierda e izquierda: PSOE, PCE-PSUC, PSP-US, EC-FED, EE-IE.

(Fuente: Congreso de los Diputados)

16 Diario

CONSTITUCION ESPAÑOLA
Aprobada por las Cortes el 31 de Octubre de 1978

REFERENDUM NACIONAL 6 DE DICIEMBRE

"Hoy España es una democracia joven pero sólida, homologable a cualquier otra en Europa y en el mundo. La enumeración de derechos y libertades es de las más avanzadas del continente. Y se liquidó el viejo centralismo para hacer de España un Estado casi federal sin querer llamarse así, en el que las comunidades autónomas tienen amplias atribuciones. La Constitución, además, no fue traumática ni reabrió las heridas de la Guerra Civil".
(Del editorial "La Constitución viva". *Diario 16*. 6-12-2000)

La Carta

El Congreso de los Diputados resultante de las elecciones generales del 15 de junio de 1977 designó un comité de siete miembros, elegidos entre los representantes de las principales fuerzas políticas, que logró el acuerdo sobre el modelo de Estado que se quería instaurar y redactó el anteproyecto de la Constitución. En el referéndum del 6 de diciembre de 1978, el 87,87% de los españoles votó a favor de la Constitución, sólo el 7,83% votó en contra y el 3,55% lo hizo en blanco. La Constitución de 1978, vigente actualmente en España, es el marco legal en que se ha apoyado la nueva organización autonómica del Estado y la base de la modernización sin precedentes que en cuestiones de libertad y democracia ha experimentado el país en los últimos años.

DON JUAN CARLOS I, REY DE ESPAÑA, A TODOS LOS QUE LA PRESENTE VIEREN Y ENTENDIEREN, SABED QUE LAS CORTES HAN APROBADO Y EL PUEBLO ESPAÑOL RATIFICADO LA SIGUIENTE CONSTITUCIÓN:

PREÁMBULO

"La Nación española, deseando establecer la justicia, la libertad y la seguridad y promover el bien de cuantos la integran, en uso de su soberanía, proclama su voluntad de:

Garantizar la convivencia democrática dentro de la Constitución y de las leyes conforme a un orden económico y social justo.

Consolidar un Estado de Derecho que asegure el imperio de la ley como expresión de la voluntad popular.

Proteger a todos los españoles y pueblos de España en el ejercicio de los derechos humanos, sus culturas y tradiciones, lenguas e instituciones.

Promover el progreso de la cultura y de la economía para asegurar a todos una digna calidad de vida.

Establecer una sociedad democrática avanzada, y colaborar en el fortalecimiento de unas relaciones pacíficas y de eficaz cooperación entre todos los pueblos de la Tierra.

En consecuencia, las Cortes aprueban y el pueblo español ratifica la siguiente Constitución."

 CONSTITUCIÓN ESPAÑOLA : www.constitucion.es

Los siete padres de la Constitución

Gabriel Cisneros Laborda

José Pedro Pérez-Llorca

Miguel Herrero y Rodríguez de Miñón

Magna

Los siete padres de la Constitución

La redacción del texto constitucional fue un proceso largo y no exento de dificultades. Las Cortes elegidas el 15 de junio de 1977 no eran formalmente constituyentes, pero la ciudadanía era consciente de la necesidad de elaborar una Constitución que fundamentara la nueva democracia española.

El primer paso fue redactar el proyecto de la Constitución. Para ello, la Comisión Constituyente del Congreso eligió a siete diputados expertos en Derecho y de reconocido prestigio intelectual.

Miguel Herrero y Rodríguez de Miñón. Diputado de UCD, miembro de la Real Academia de Ciencias Morales y Políticas desde el 9 de abril de 1991. Letrado del Consejo de Estado y Secretario General Técnico del Ministerio de Justicia.

José Pedro Pérez-Llorca. Diplomático y letrado de las Cortes. Fue ministro de la Presidencia y de Asuntos Exteriores.

Gabriel Cisneros Laborda. Diputado de UCD, miembro del Cuerpo General Técnico de la Administración Civil del Estado.

Jordi Solé Tura. Diputado del PSUC, decano de la Facultad de Derecho de la Universidad de

Miquel Roca Junyent

Barcelona. Fue ministro de Cultura en el gobierno socialista de 1991 a 1993.

Gregorio Peces-Barba. Diputado del PSOE, abogado, fue catedrático de la Universidad Complutense de Madrid y actualmente rector de la Universidad Carlos III. Presidente del Congreso de los Diputados de 1982 a 1986.

Miquel Roca Junyent. Diputado por CDC, abogado y profesor universitario. Presidente del Grupo Parlamentario Catalán en el Congreso de los Diputados de 1977 a 1995.

Manuel Fraga Iribarne. Diputado de AP, catedrático en la Facultad de Ciencias Políticas y de la Administración de

Manuel Fraga Iribarne

Gregorio Peces-Barba

Jordi Solé Tura

a Universidad Complutense de Madrid. Ministro de Información y Turismo, de la Gobernación y Embajador en Londres. Desde 1989 es presidente de la comunidad autónoma de Galicia.

Momentos difíciles 23-F

La crisis provocada por el alza del precio del petróleo a comienzos de los setenta tuvo consecuencias negativas para España. Para hacer frente a la situación, el presidente Suárez tuvo que pactar un acuerdo básico con los partidos políticos, los llamados *Pactos de la Moncloa* (1977), sobre medidas económicas y sociales, la reforma del sistema fiscal, de la Seguridad Social, de la energía, de las empresas públicas y de otros importantes sectores.

El coronel Tejero toma el Congreso

Tras una gravísima crisis política, Adolfo Suárez tuvo que dimitir, sucediéndole en la presidencia del Gobierno el también centrista Leopoldo Calvo Sotelo. En el transcurso de la sesión de su investidura (23 de febrero de 1981) se produjo el asalto al Congreso de los Diputados por un grupo de guardias civiles. El Rey contribuyó decisivamente a neutralizar el golpe de Estado, lo que le valió el reconocimiento de todas las fuerzas sociales y políticas.

Mensaje del Rey en el 23-F

El Rey habla a los españoles

"Al dirigirme a todos los españoles, con brevedad y concisión, en las circunstancias extraordinarias que en estos momentos estamos viviendo, pido a todos la mayor serenidad y confianza y les hago saber que he cursado a los capitanes generales de las regiones militares, zonas marítimas y regiones aéreas la orden siguiente: ante la situación creada por los sucesos desarrollados en el palacio del Congreso, y para evitar cualquier posible confusión, confirmo que he ordenado a las autoridades civiles y a la junta de jefes de Estado Mayor que tomen todas las medidas necesarias para mantener el orden constitucional dentro de la legalidad vigente. Cualquier medida de carácter militar que, en su caso, hubiera de tomarse, deberá contar con la aprobación de la Junta de jefes de Estado Mayor. La Corona, símbolo de la permanencia y unidad de la Patria, no puede tolerar en forma alguna acciones o actitudes de personas que pretendan interrumpir por la fuerza el proceso democrático que la Constitución votada por el pueblo español determinó en su día a través de referéndum."

EL PAIS

Golpe de Estado
El País, con la Constitución

EL PAIS

"Para muchos españoles, ese día (23 de febrero de 1981, intento de golpe de estado) se produjo una revelación: sabían que el Rey (Juan Carlos I) había sido importante para el cambio político, pero ignoraban hasta el momento hasta qué punto. Ahora, la España de izquierdas se hizo masivamente juancarlista y, poco a poco, quizá se haya convertido en monárquica, al menos en cierto sentido. Pero, para el Rey, lo que hizo aquella noche fue una consecuencia de toda una trayectoria, propia y de la institución. Muerto Franco, había emprendido un rumbo que entonces culminó. Pero aquella noche no fue la ocasión más difícil de su vida porque sabía lo que tenía que hacer. Peores fueron aquellos días finales del franquismo, en medio de un campo de minas, en los que ni siquiera se sabía cómo acertar."

(En *El escudo protector de la transición*, de Javier Tusell. *El País* (núm. especial,)

Hacia la
normalización

Los socialistas en el poder

Cartel anunciador del PSOE

El Partido Socialista Obrero Español (PSOE), republicano y marxista en origen, aceptó la monarquía y adoptó posiciones de signo socialdemócrata. Bajo la dirección de Felipe González y con un programa electoral moderado, venció en las elecciones legislativas generales de 1982. Los socialistas ganaron de nuevo las elecciones de 1986, 1989 y 1993. A lo largo de esos años llevaron a cabo una importante labor de modernización de la infraestructura y de la economía, así como una mejora de la imagen del país en el exterior.

Felipe González y Alfonso Guerra saludan después de ganar las elecciones

España ingresó en 1986 en la Comunidad Económica Europea; en ese mismo año se aprobó mediante referéndum la adhesión a la OTAN, en cuya estructura militar se integró definitivamente en 1997, y en 1991 Madrid fue sede de la Conferencia Internacional de Paz sobre Oriente Medio.

Anagrama del PSOE

Firma del tratado de adhesión al Mercado Común Europeo

1992, el año de

España

Barcelona'92

1992 fue un año realmente español por los siguientes acontecimientos:

- Conmemoración del V Centenario del Descubrimiento de América.
- Celebración de los Juegos Olímpicos de Barcelona y de la Exposición Universal de Sevilla ("Expo").
- Organización de la Cumbre de Jefes de Estado y de Gobierno Iberoamericanos y designación de Madrid como Capital Europea de la Cultura.
- También se conmemoró la publicación cinco siglos antes de la *Gramática Castellana* de Antonio de Nebrija, (la primera de una lengua romance), y el reencuentro con las culturas musulmana y hebrea: Al-Andalus 92 y Sefarad 92.

Sello conmemorativo V Centenario

Antonio de Nebrija

Inauguración de los Juegos
Olímpicos Barcelona 92

Cobi, mascota de los
Juegos Barcelona 92

S.A.R. el príncipe Felipe, abanderado de la delegación española en los Juegos de Barcelona 92

El centro derecha en el poder

Desde finales de los años ochenta, la dilatada permanencia en el poder de los socialistas y la alarma social provocada por los casos de corrupción comenzaron a inclinar el voto urbano a favor del Partido Popular, de centro-derecha reformista. Así, desde 1991 el porcentaje de ciudadanos que apoyaban al PSOE fue descendiendo del 40 al 27%. La percepción por la sociedad de que al gobierno socialista le importaban más los objetivos que los medios para conseguirlos y la escisión interna del partido entre renovadores y defensores de los principios históricos de la doctrina, contribuyeron de forma decisiva a su derrota electoral.

El Partido Popular, dirigido por José María Aznar, ganó las elecciones generales de 1996 y, con mayoría absoluta, las de 2000. La sustitución pacífica de la derecha por la izquierda y de ésta nuevamente por aquélla marcó definitivamente el fin de la Transición Democrática, proceso histórico que ha sido reconocido con frecuencia como modélico. Sin embargo, aquellos logros no se consiguieron con facilidad, a causa sobre todo del terrorismo de ETA, que, a medida que se afianzaban la democracia parlamentaria y el desarrollo económico, incrementaba sus asesinatos indiscriminadamente.

En muy pocos años, España se transformó en una democracia parlamentaria, sustituyó el centralismo por el modelo autonómico y pasó de ser un país en vías de desarrollo a un país desarrollado.

La estabilidad política favoreció a la economía y España cumplió los requisitos de Maastricht, se incorporó a la Europa del euro el 1 de enero de 2002 y se logró reducir el paro, moderar la inflación y mantener un crecimiento superior a la media de la UE.

José María Aznar

Anagrama del PP

Segundo Gobierno del PP

La presidenta del Congreso, la presidenta de la Comunidad de Madrid y José María Aznar

José Luis Rodríguez Zapatero

El triunfo socialista

Elecciones del 14 de marzo de 2004

En las elecciones generales celebradas el 14 de marzo de 2004, tres días después de unos graves atentados terroristas en Madrid, obtuvo de nuevo el triunfo el PSOE, liderado por el joven político José Luis Rodríguez Zapatero.

Los simpatizantes del PSOE celebran los resultados

Primer ejecutivo socialista

Entre los aspectos más destacables del programa defendido por José Luis Rodríguez Zapatero durante el debate de investidura de los días 15 y 16 de abril de 2004 figuraban los siguientes:

- Instaurar el diálogo y el consenso como base de la actividad política.
- Reanudar el diálogo con los dirigentes autonómicos.
- Mejorar la situación social de los humildes
- Aumentar las pensiones más bajas y elevar el salario mínimo interprofesional a 498,80 euros mensuales.
- Reforzar la unión de los demócratas en la lucha contra el terrorismo.
- Afrontar una reforma concreta y limitada de la Constitución y reformar el Senado y los Estatutos de Autonomía.
- Retirar las fuerzas españolas de Irak.
- Reformar las leyes reguladoras de la sucesión a la Corona, a fin de evitar la discriminación de las mujeres.
- Reformar las normas educativas.
- Reformar el estatuto fiscal y el proceso penal.
- Revisar el Plan Hidrológico Nacional derogar el capítulo relativo al trasvase del Ebro.
- Garantizar la igualdad de las prestaciones sanitarias en todo el territorio nacional.
- Poner a disposición de las familias viviendas en condiciones económicas razonables.
- Asegurar la estabilidad presupuestaria.
- Reconocer el derecho al matrimonio de homosexuales y transexuales.
- Consensuar un pacto de Estado sobre inmigración, gestión, control e integración de los inmigrantes.

ELECCIONES GENERALES DE MARZO DE 2004

Partido	Votos	% Votos	Escaños
PSOE	10.909. 687	(42,64%)	164
PP	9.630.512	(37,64%)	148
CiU	829.046	(3,24%)	10
ERC	649.999	(2,54%)	8
EAJ-PNV	417.154	(1,63%)	7
IU	1.269.532	(4,96%)	5
CC	221.034	(0,86%)	3
BNG	205.613	(0,80%)	2
CHA	93.865	(0,37%)	1
EA	80.613	(0,32%)	1
Na-Bai	60.645	(0,24%)	1

PSOE: Partido Socialista Obrero Español; PP: Partido Popular; CiU: Convergència i Unió; ERC: Esquerra Republicana de Catalunya; EAJ-PNV: Euzko Alderdi Jeltzalea-Partido Nacionalista Vasco; IU: Izquierda Unida; CC: Coalición Canaria; BNG: Bloque Nacionalista Galego; CHA: Chunta Aragonesista; EA: Eusko Alkartasuna; Na- Bai: Navarra Sí.

(Fuente: *El Mundo*. 31-3-2004)

la nueva Europa

La tragedia de la Segunda Guerra Mundial (1939-1945) impulsó a las naciones europeas que habían participado en el conflicto a buscar una forma de integración continental que evitara, en el futuro, soluciones violentas para los enfrentamientos entre estados. Se aspiraba también a establecer una sociedad más igualitaria y libre y a fortalecer el continente, a fin de equilibrar la desigual relación de fuerzas en el mundo, en la que destacaban las dos grandes potencias de la URSS y los EE UU de América, enfrentadas en la llamada "guerra fría". Hito decisivo en el proceso de integración europea fueron los *Tratados de Roma* (25 de marzo de 1957), por los que se crearon la Comunidad Económica Europea (CEE) y la Comunidad Europea de la Energía Atómica (EURATOM). La Europa comunitaria nacida en 1957 la formaban Bélgica, Alemania, Francia, Italia, Luxemburgo y Holanda, a la que en 1973 se unieron Dinamarca, Irlanda y el Reino Unido y, en 1981, Grecia.

La adhesión al nuevo marco europeo era una vieja pretensión del régimen franquista, que en 1970 firmó un acuerdo preferencial con la CEE. En 1986, una vez recuperadas las libertades democráticas, España pasó a formar parte, junto con Portugal, de la Europa comunitaria, cuya presidencia ocupó en el primer semestre de 1989, en el segundo de 1995 y en el primero de 2002.

Los españoles se manifiestan mayoritariamente europeístas, a favor de una política exterior común y de un ejército europeo; consideran, además, que la integración europea es la solución al problema del auge de los nacionalismos excluyentes y la forma adecuada de hacer frente al reto de la globalización.

A los 15 miembros de la Unión Europea se han unido, en 2004, Chipre, República Checa, Estonia, Hungría, Letonia, Lituania, Malta, Polonia, Eslovaquia y Eslovenia, lo que ha supuesto un gran avance en la creación de un espacio europeo único. En 2007 se adherirán, previsiblemente, Bulgaria y Rumania, con lo que el número de países integrados ascenderá a 27, con 500 millones de habitantes aproximadamente. Turquía está llevando a cabo un intenso esfuerzo de democratización, lo que facilitará en el futuro su adhesión a Europa.

Las instituciones más importantes de la UE son el Parlamento, el Consejo y la Comisión. El Parlamento está formado por diputados elegidos cada cinco años por los ciudadanos de los respectivos países, que representan a los partidos políticos principales de la Unión. El Parlamento controla la acción de la Comisión y de las instituciones comunitarias y comparte el poder legislativo con el Consejo; ambos constituyen la autoridad presupuestaria de la UE. El Consejo lo forman los Jefes de Estado y de Gobierno de los Estados miembros, asistidos por los Ministros de Asuntos Exteriores. Se suele reunir una vez cada seis meses, como mínimo, y su función fundamental es servir de foro de debate, impulsar la construcción de la UE y orientar su actividad política, social y económica. La Comisión es el órgano de gobierno de la UE. Su Presidente es nombrado por los Gobiernos de los Estados miembros y debe ser aprobado por el Parlamento. El Presidente designa a los miembros de la Comisión (comisarios), que también tienen que someterse a la aprobación del Parlamento.

La extensión del espacio europeo, la creciente convergencia entre los países miembros y la necesidad de velar por los derechos ciudadanos más allá de las constituciones de cada estado, han impulsado a los gobiernos a redactar una carta magna europea, cuyo proyecto fue presentado en Bruselas el 13 de junio de 2003, deberá ser ratificado por el Parlamento de cada país o en referéndum y, previsiblemente, se pondrá en vigor en 2007.

La Constitución Europea garantiza la unidad territorial de los Estados miembros, dispone que el número de comisarios hasta 2014 será de uno por cada país, que el país menos poblado dispondrá de al menos seis eurodiputados y de 96 el más poblado, recorta el poder de veto de los estados, establece un acuerdo de defensa mutua y solidaridad y, por sugerencia de España, incluye una declaración contra la violencia entre los sexos. Se abstiene de aludir a las raíces cristianas de Europa.

Según datos del CIS*, el 27,6% de los españoles (junio de 2004) estima imprescindible disponer de una Constitución Europea, mientras que el 36,3% no lo considera importante y el 10,3% opina que no es necesaria.

CIS: Centro de Investigaciones Sociológicas

El príncipe Felipe jura la Constitución — El Rey dirigiéndose al Congreso — Actos del 25 aniversario de la Constitución

España es un Estado democrático y social de derecho, basado en los principios de igualdad, libertad y pluralismo político. Su forma política es la Monarquía parlamentaria.

La Constitución

La Constitución española proclama la soberanía nacional, la separación de poderes, la aconfesionalidad del Estado y el derecho a la autonomía de las nacionalidades y de las regiones de España; garantiza los derechos individuales y colectivos y crea la figura del Defensor del Pueblo; atribuye a las Cortes Generales la iniciativa legislativa; establece la unidad jurisdiccional y la total independencia de los jueces e instituye dos órganos jurisdiccionales máximos: el Tribunal Constitucional, intérprete supremo de la propia Constitución, y el Tribunal Supremo, órgano jurisdiccional superior.

CONSTITUCIÓN ESPAÑOLA

Aprobada por Las Cortes en sesiones plenarias del Congreso de los Diputados y del Senado celebradas el 31 de octubre de 1978

Ratificada por el pueblo español en referéndum de 6 de diciembre de 1978

Sancionada por S. M. el Rey ante Las Cortes el 27 de diciembre de 1978

1. España se constituye en un Estado social y democrático de Derecho, que propugna como valores superiores de su ordenamiento jurídico la libertad, la justicia, la igualdad y el pluralismo político.
2. La soberanía nacional reside en el pueblo español, del que emanan los poderes del Estado.
3. La forma política del Estado español es la Monarquía parlamentaria.

(Artículo 1 del Título Preliminar de la Constitución)

 www.constitucion.es

político
administrativa

rey Juan Carlos y la reina Sofía   El príncipe Felipe y el rey Juan Carlos   La Familia Real presidiendo un desfile   El Rey y el alcalde de Madrid

La Jefatura del Estado

El Rey encarna la permanencia y unidad del Estado, sanciona las leyes aprobadas por las Cortes Generales y ostenta la jefatura del Ejército. Sus atribuciones son de carácter moderador e integrador.

El Título II de la Constitución trata de "La Corona" en sus artículos 56 a 65:

Art. 56

1. El Rey es el Jefe del Estado, símbolo de su unidad y permanencia, arbitra y modera el funcionamiento regular de las instituciones, asume la más alta representación del Estado español en las relaciones internacionales, especialmente con las naciones de su comunidad histórica, y ejerce las funciones que le atribuyen expresamente la Constitución y las leyes.

2. Su título es el de Rey de España y podrá utilizar los demás que correspondan a la Corona.

3. La persona del Rey es inviolable y no está sujeta a responsabilidad. Sus actos estarán siempre refrendados en la forma establecida en el artículo 64, careciendo de validez sin dicho refrendo, salvo lo dispuesto en el artículo 65.2.

Art. 61

1. El Rey, al ser proclamado ante las Cortes generales, prestará juramento de desempeñar fielmente sus funciones, guardar y hacer guardar la Constitución y las leyes y respetar los derechos de los ciudadanos y de las Comunidades Autónomas.

Art. 62

Corresponde al Rey:

a) Sancionar y promulgar leyes.

b) Convocar y disolver las Cortes generales y convocar elecciones en los términos previstos por la Constitución.

c) Convocar el referéndum en los casos previstos en la Constitución.

d) Proponer el candidato a Presidente de Gobierno y, en su caso, nombrarlo, así como poner fin a sus funciones en los términos previstos en la Constitución.

● ● ●

El rey Juan Carlos I

(www.casareal.es)

Según las encuestas, la Monarquía es la institución más valorada por los españoles.

Entrada principal al Congreso   Vista del león del Congreso   Fachada del Senado

La separación

Fachada del Congreso

Las Cortes Generales están formadas por el Congreso de los Diputados o *Cámara Baja* y Senado o *Cámara Alta*. El Congreso es la Cámara de representación popular, ostenta la potestad legislativa, controla al Ejecutivo y posee la facultad de otorgar la investidura al Presidente del Gobierno y de hacerle dimitir. Lo integran 350 diputados elegidos por un periodo de cuatro años mediante un sistema de representación proporcional a la población de cada provincia.

Vista interior del Congreso

  El Congreso: www.congreso.es

El Senado, Cámara de representación territorial, puede vetar corregir los proyectos aprobados por el Congreso. Lo compone 256 senadores, 208 elegidos por sufragio universal directo por u periodo de cuatro años, 48 designados por las Asambleas legisla tivas de las Comunidades Autónomas y otro más por cada milló de habitantes del territorio correspondiente.

 El Senado: www.senado.es

El Gobierno posee la potestad de disolver las Cámaras anticipadamente y convocar nuevas elecciones, así como la capacidad de promulgar decretos y decretos-ley. El Presidente del Gobierno es nombrado formalmente por el Rey, por cuatro años, tras obtener la confianza del Congreso de los Diputados. El Consejo de Ministros es el órgano colegiado del Gobierno.

 El Gobierno: www.moncloa.es

Bandera de España

de poderes

El Poder Judicial es independiente y se administra y ejerce por los Jueces y Magistrados en los Tribunales. El Tribunal Supremo y la Audiencia Nacional poseen jurisdicción sobre todo el territorio nacional. Cada Comunidad Autónoma dispone de un Tribunal Superior de Justicia.

Los ciudadanos pueden ejercer la acción popular y participar en la Administración de Justicia mediante la institución del Jurado. España firmó en 1979 el *Convenio de Roma* para la Protección de los Derechos Humanos y las Libertades Fundamentales, por lo que los españoles pueden acogerse al Tribunal Europeo de los Derechos Humanos.

www.poderjudicial.es

Sede del Tribunal Constitucional

"El presidente del Gobierno en España es nombrado formalmente por el Rey tras un proceso que culmina con la votación de investidura por la Cámara de los Diputados.

El procedimiento ordinario comienza con las consultas que el Rey celebra con los representantes de los grupos políticos a raíz de las elecciones, que concluyen con la propuesta de un candidato a la cámara. La presentación de un programa político de Gobierno, que se somete a la aprobación de ésta, constituye el acto político esencial del proceso de nombramiento. En la investidura se otorga la confianza política no sólo al presidente, sino al Gobierno que éste habrá de nombrar, y se vincula la confianza al programa de Gobierno."

(En *Sistema político español*, de Paloma Román (coordinadora). McGraw-Hill. Madrid.1999)

Símbolos del Estado

El escudo

El escudo de España. Se rige por la ley 33/81 de 5 de octubre.

La bandera

La Constitución Española de 1978 describe la bandera en su Art. 4°.1.:
"...formada por tres franjas horizontales, roja, amarilla, roja, siendo la amarilla de doble anchura que cada una de las rojas."

El Estado de las

Los Estatutos de Autonomía fijan las competencias y el nivel de autonomía de cada Comunidad Autónoma, según la distinción que la Constitución hace entre *nacionalidades y regiones*. Todas las Comunidades Autónomas poseen su propio Presidente, Consejo de Gobierno y Asamblea Legislativa, y tienen atribuidas numerosas competencias, incluidas las fiscales.

Artículo 137
El Estado se organiza territorialmente en municipios, en provincias y en las Comunidades Autónomas que se constituyan. Todas estas entidades gozan de autonomía para la gestión de sus respectivos intereses.

REVISTA TIEMPO

"Este martes primero de enero se pone punto final al profundo proceso de descentralización autonómica puesto en marcha hace 25 años por Adolfo Suárez con algo que entonces parecía una utopía (...) Ese proceso, uno de los más significativos de Europa, queda prácticamente cerrado, pendiente de algunos flecos de menor importancia, con el definitivo traspaso de las competencias de Sanidad a diez Comunidades Autónomas, que recibirán algo más de dos billones de pesetas para gestionar 83 hospitales, 3.500 camas hospitalarias y 140.000 funcionarios."

(En Autonomías: *¿Punto final?*, de José Oneto. *Tiempo*. N° 1.027. 7-1-2002)

Algunos Presidentes de Comunidades Autónomas

Pascual Maragall
Presidente de la Comunidad
Autónoma de Cataluña

Manuel Fraga Iribarne
Presidente de la Comunidad
Autónoma de Galicia

Manuel Chaves
Presidente de la Comunidad
Autónoma de Andalucía

Esperanza Aguirre
Presidenta de la Comunidad
Autónoma de Madrid

Juan Carlos Rodriguez Ib
Presidente de la Comun
Autónoma de Extremad

Autonomías

Competencias

Artículo 148

1. Las Comunidades Autónomas podrán asumir competencias en las siguientes materias:

1. La organización de sus instituciones de autogobierno.

2. Las alteraciones de los términos municipales comprendidos en su territorio y, en general, las funciones que correspondan a la Administración del Estado sobre las Corporaciones locales y cuya transferencia autorice la legislación sobre Régimen Local.

3. La ordenación del territorio, urbanismo y vivienda.

4. Las obras públicas de interés de la Comunidad Autónoma en su propio territorio.

5. Los ferrocarriles y carreteras cuyo itinerario se desarrolle íntegramente en el territorio de la Comunidad Autónoma y, en los mismos términos, el transporte desarrollado por estos medios o por cable.

6. Los puertos de refugio, los puertos y aeropuertos deportivos y, en general, los que no desarrollen actividades comerciales.

7. La agricultura y ganadería, de acuerdo con la ordenación general de la economía.

8. Los montes y aprovechamientos forestales.

9. La gestión en materia de protección del medio ambiente.

10. Los proyectos, construcción y explotación de los aprovechamientos hidráulicos, canales y regadíos de interés de la Comunidad Autónoma; las aguas minerales y termales.

11. La pesca en aguas interiores, el marisqueo y la acuicultura, la caza y la pesca fluvial.

12. Las ferias interiores.

13. El fenómeno de desarrollo económico de la Comunidad Autónoma, dentro de los objetivos marcados por la política económica nacional.

14. La artesanía.

15. Los museos, bibliotecas y conservatorios de música de interés para la Comunidad Autónoma.

16. El patrimonio monumental de interés de la Comunidad Autónoma.

17. El fomento de la cultura, de la investigación y, en su caso, de la enseñanza de la lengua de la Comunidad Autónoma.

18. La promoción y ordenación del turismo en su ámbito territorial.

19. La promoción del deporte y de la adecuada utilización del ocio.

20. La asistencia social.

21. La sanidad e higiene.

22. La vigilancia y protección de sus edificios e instalaciones. La coordinación y demás facultades en relación con las policías locales en los términos que establezca una ley orgánica.

2. Transcurridos cinco años, y mediante la reforma de sus Estatutos, las Comunidades Autónomas podrán ampliar sucesivamente sus competencias dentro del marco establecido en el artículo 149.

La Constitución reconoce y garantiza el derecho a la autonomía de las nacionalidades y regiones de España (Artículo 2). Así, desde 1978 el Estado español está subdividido en 17 Comunidades Autónomas, formadas de acuerdo con sus características históricas, lingüísticas, culturales y económicas.

Las divisiones Autonómicas

Comunidad Autónoma de Andalucía:
Superficie: 87.597 Km². – Capital: Sevilla.
Provincias: Jaén, Córdoba, Sevilla, Huelva, Cádiz, Málaga, Granada, Almería.
Fecha de su autonomía: 11–1–1982.
Población: 7.357.558 habitantes (censo 2001).
Sectores de actividad económica: agricultura (8,7%), industria (11,8%), construcción (13,8%), servicios (65,7%).

Comunidad Autónoma de Aragón:
Superficie: 47.669 Km². – Capital: Zaragoza.
Provincias: Huesca, Zaragoza, Teruel.
Fecha de su autonomía: 16–8–1982.
Población: 1.204.215 habitantes (censo de 2001).
Sectores de actividad económica: agricultura (7,0%), industria (25,4%), construcción (10,2%), servicios (57,4%).

Principado de Asturias:
Superficie: 10.604 Km². – Capital: Oviedo.
Provincia: Asturias.
Fecha de su autonomía: 11–1–1982.
Población: 1.062.998 habitantes (censo 2001).
Sectores de actividad económica: agricultura (7,2%), industria (20,7%), construcción (10,9%), servicios (61,2%).

Comunidad Autónoma de las Islas Baleares / Illes Balears:
Superficie: 4.992 Km². – Capital: Palma de Mallorca.
Provincia: Baleares.
Fecha de su autonomía: 1–3–1983.
Población: 841.669 habitantes (censo 2001).
Sectores de actividad económica: agricultura (1,8%), industria (9,1%), construcción (13,7%), servicios (75,4%).

Comunidad Autónoma de Canarias:
Superficie: 7.447 Km². – Capitales (son alternantes): Las Palmas de Gran Canaria, Santa Cruz de Tenerife.
Provincias: Las Palmas, Santa Cruz de Tenerife.
Fecha de su autonomía: 16–8–1982.
Población: 1.843.755 habitantes (censo de 2001).
Sectores de actividad económica: agricultura: (4,4%), industria (6,5%), construcción (14,8%), servicios (74,3%).

Comunidad Autónoma de Cantabria:
Superficie: 5.321 Km². – Capital: Santander.
Provincia: Santander.
Fecha de su autonomía: 11–1–1982.
Población: 542.275 habitantes (censo de 2001).
Sectores de actividad económica: agricultura (6,4%), industria (20,0%), construcción (13,4%), servicios (60,2%).

Comunidad Autónoma de Castilla–La Mancha:
Superficie: 79.463 Km². – Capital: Toledo.
Provincias: Albacete, Ciudad Real, Cuenca, Guadalajara, Toledo.
Fecha de su autonomía: 16–8–1982.
Población: 1.760.516 habitantes (censo de 2001).
Sectores de actividad económica: agricultura (9,1%), industria (18,8%), construcción (15,0%), servicios (57,1%).

Comunidad de Castilla y León:
Superficie: 94.223 Km². – Capital: Valladolid.
Provincias: Ávila, Burgos, León, Palencia, Salamanca, Segovia, Soria, Valladolid, Zamora.
Fecha de su autonomía: 2–3–1983.
Población: 2.456.474 habitantes (censo de 2001).
Sectores de actividad económica: agricultura: (8,9%), industria (18,5%), construcción (11,6%), servicios (61,0%).

Comunidad Autónoma de Cataluña / Catalunya:
Superficie: 32.114 Km². – Capital: Barcelona.
Provincias: Barcelona, Gerona, Lérida, Tarragona.
Fecha de su autonomía: 22–12–1979.
Población: 6.343.110 habitantes (censo de 2001).
Sectores de actividad económica: agricultura (2,4%), industria (28,7%), construcción (9,6%), servicios (59,3%).

Comunidad Valenciana:
Superficie: 23.255 Km². – Capital: Valencia.
Provincias: Alicante, Castellón, Valencia.
Fecha de su autonomía: 10–7–1982.
Población: 4.162.776 habitantes (censo de 2001).
Sectores de actividad económica: agricultura (4,3%), industria (24,8%), construcción (12,7%), servicios (58,2%).

Comunidad Autónoma de Extremadura:
Superficie: 41.634 Km². – Capital: Mérida.
Provincias: Badajoz, Cáceres.
Fecha de su autonomía: 26–2–1983.
Población: 1.058.503 habitantes (censo de 2001).
Sectores de actividad económica: agricultura (13,4%), industria (10,3%), construcción (15,0%), servicios (61,3%).

Comunidad Autónoma de Galicia:
Superficie: 29.574 Km². – Capital: Santiago de Compostela.
Provincias: La Coruña, Lugo, Orense, Pontevedra.
Fecha de su autonomía: 28-4-1981.
Población: 2.695.880 habitantes (censo de 2001).
Sectores de actividad económica: agricultura: (12,6%), industria (20,6%), construcción (12,2%), servicios (54,6%).

Comunidad de Madrid:
Superficie: 8.028 Km². – Capital: Madrid.
Provincia: Madrid.
Fecha de su autonomía: 1-3-1983.
Población: 5.423.384 habitantes (censo de 2001).
Sectores de actividad económica: agricultura (0,8%), industria (15,0%), construcción (9,4%), servicios (74,8%).

Comunidad Autónoma de la Región de Murcia:
Superficie: 11.313 Km². – Capital: Murcia.
Provincia: Murcia.
Fecha de su autonomía: 19-6-1982.
Población: 1.197.646 habitantes (censo de 2001).
Sectores de actividad económica: agricultura (10,0%), industria (17,7%), construcción (11,5%), servicios (60,8%).

Mapa Autonómico

Comunidad Foral de Navarra:
Superficie: 10.391 Km². – Capital: Pamplona.
Provincia. Navarra.
Fecha de su autonomía: 16-8-1982.
Población: 555.829 habitantes (censo de 2001).
Sectores de actividad económica: agricultura (6,5%), industria (28,0%), construcción (9,4%), servicios (56,1%).

Comunidad Autónoma del País Vasco:
Superficie: 7.234 Km². – Capital: Vitoria.
Provincias: Álava, Guipúzcoa, Vizcaya.
Fecha de su autonomía: 22-12-1979.
Población: 2.082.587 habitantes (censo de 2001).
Sectores de actividad económica: agricultura (2,0%), industria (28,5%), construcción (9,7%), servicios (59,8%).

Comunidad Autónoma de La Rioja:
Superficie: 5.045 Km². – Capital: Logroño.
Provincia: La Rioja.
Fecha de su autonomía: 19-6-1982.
Población: 276.702 habitantes (censo de 2001).
Sectores de actividad económica: agricultura (8,8%), industria (32,1%), construcción (9,7%), servicios (49,4%).

Ciudad de Ceuta:
Superficie: 19 Km².
Población: 71.505 habitantes (censo de 2001).
Sectores de actividad económica: agricultura (0,6%), industria (2,2%), construcción (4,7%), servicios (92,5%).

Ciudad de Melilla:
Superficie: 13 Km².
Población: 66.441 habitantes (censo de 2001).
Sectores de actividad económica: agricultura: (0,6%), industria (2,2%), construcción (4,7%), servicios (92,5%).

(Fuente: Ministerio de Administraciones Públicas (MAP) e Instituto Nacional de Estadística (INE))

Los partidos
políticos

La *Ley Orgánica de Partidos Políticos*, promulgada en junio de 2002, constituye el estatuto de los partidos políticos y el instrumento para ilegalizar a los que apoyen el terrorismo.

Los analistas suelen destacar el alto índice de abstención del electorado español y su cambio frecuente de opción política entre las de signo centrista. El bajo índice de afiliación a los partidos políticos es la causa de su escasez de recursos económicos, por lo que necesitan de financiación estatal. Las cantidades que perciben del Estado dependen del número de votos y escaños conseguidos en las elecciones.

Partidos nacionales:

 Partido Socialista Obrero Español (PSOE), socialdemócrata.

 Partido Popular (PP), centro reformista.

 Izquierda Unida (IU), coalición de fuerzas de izquierda, entre ellas el Partido Comunista de España (PCE).

 Los Verdes, confederación que aglutina a diversas fuerzas del ecologismo político.

Partidos nacionalistas:

 Convergència i Unió (CiU), coalición de los partidos nacionalistas catalanes moderados, Convergencia Democrática de Cataluña (CDC), liberal, y la democristiana Unión Democrática de Cataluña (UDC).

 Partido Nacionalista Vasco (PNV), conservador.

 Coalición Canaria (CC), agrupación de partidos nacionalistas canarios moderados.

 Esquerra Republicana de Catalunya (ERC)y Bloque Nacionalista Galego (BNG), nacionalistas de izquierda.

 Eusko Alkartasuna (EA), socialdemócrata de ámbito nacional vasco.

 Unión Valenciana, Partido Andalucista y Chunta Aragonesista, regionalistas.

 www.psoe.es
www.pp.es
www.izquierda-unida.es

Los sindicatos

La Constitución reconoce la libertad de sindicación y el derecho a la huelga y a la negociación colectiva. Los salarios medios más altos son los de la industria y los servicios. La semana laboral media contemplada en los convenios colectivos de 2001 fue de 38,51 horas.

El Rey y el Príncipe con los dirigentes de los sindicatos UGT y CC.OO.

Celebración del 1 de mayo, Día de los Trabajadores

Los sindicatos mayoritarios son:
- Unión General de Trabajadores (UGT), sindicato de "reforma y negociación", de ideología socialista.
- Confederación Sindical de Comisiones Obreras (CC.OO), sindicato de "ruptura y conflictividad", de orientación comunista.

Otros sindicatos:
- Unión Sindical Obrera (USO), pluralista e internacionalista.
- Confederación Sindical Independiente de Funcionarios (CSIF), formada por funcionarios y empleados públicos.
- Confederación Nacional del Trabajo (CNT), de tendencia anarquista.

Los sindicatos, actualmente, han abandonado las viejas reivindicaciones del obrerismo revolucionario, han aceptado los postulados de la economía de mercado y se están convirtiendo en agencias de servicios.

La tasa de afiliación a los sindicatos (más del 15%) es de las más bajas de la UE, por lo que reciben subvenciones de la Administración. Los empresarios están asociados en la Confederación Española de Organizaciones Empresariales (CEOE); dentro de ella se integra la Confederación Española de la Pequeña y Mediana Empresa (CEPYME), que mantiene cierta autonomía. La CEOE interviene en las negociaciones colectivas, influye en las decisiones políticas de alcance laboral y desempeña tareas de información y asesoramiento entre sus miembros.

El Rey con el presidente de la CEOE

Manifestación de trabajadores en huelga

Las relaciones

Con los Estados Unidos de América

Las relaciones hispano-norteamericanas son muy activas en las áreas económica y cultural, así como en materia antiterrorista. Ambos países colaboran en la represión del terrorismo internacional, sobre todo desde que se produjeron los ataques de Al-Qaeda a Estados Unidos en septiembre de 2001.

El Gobierno español se unió a los Estados Unidos y a Inglaterra en la exigencia a Sadam Hussein del cumplimiento del desarme acordado por la resolución 1.441 de la ONU.

Los presidentes Aznar y Bush

Kofi Annan, Secretario General de la ONU

Con Iberoamérica

Por razones históricas y culturales, las relaciones de España con Iberoamérica son prioritarias. España es el país de la UE que más invierte en esta zona, a la que también destina la mitad de los fondos que dedica a la cooperación internacional.

Las Cumbres Iberoamericanas, que se celebran periódicamente desde 1991 y cuentan con la asistencia de los presidentes y jefes de Gobierno de España, Portugal y los países iberoamericanos, establecen marcos de cooperación, fijan objetivos comunes y fomentan la conciencia de pertenencia a la comunidad iberoamericana.

XIII CUMBRE IBEROAMERICANA DE JEFES DE ESTADO Y DE GOBIERNO
SANTA CRUZ DE LA SIERRA - BOLIVIA

CUMBRE IBEROAMERICANA
SANTA CRUZ DE LA SIERRA • BOLIVIA

internacionales

Con el Norte de África

Por razones de proximidad geográfica, el Norte de África tiene un gran interés para la política exterior española. España fue sede de la *Primera Conferencia Euromediterránea* (Barcelona, noviembre de 1995), que fijó los objetivos y las bases en que deben asentarse las relaciones entre los países ribereños del Mediterráneo.

Las relaciones con Marruecos son especialmente complejas, a causa de la reclamación por este país de Ceuta y Melilla -dos ciudades españolas situadas en el norte de África- y de la inmigración clandestina procedente de las costas marroquíes, así como de la cuestión del Sahara occidental, ex-colonia española ocupada por Marruecos para la que España pide, de acuerdo con las recomendaciones de la ONU, la organización de un referéndum.

Mohamed VI, rey de Marruecos

Inmigrantes

Bandera del Vaticano

Juan Pablo II

Mezquita de Madrid

Con la Iglesia y otras confesiones

Los Acuerdos de 1979 adaptaron las relaciones entre el Estado español y la Iglesia católica a la nueva realidad política y social de España.

La *Ley Orgánica de Libertad Religiosa* de 1980 es la norma básica en la que se apoyan los acuerdos firmados con la Federación de Entidades Religiosas Evangélicas de España, con la Federación de Comunidades Israelitas de España y con la Comisión Islámica de España.

Material de culto judío

La cuestión de

En 1704, un ejército angloholandés que participaba en la *Guerra de Sucesión* española (1701-1714) en apoyo de uno de los bandos en conflicto, tomó Gibraltar. Terminada la guerra, los ingleses se negaron a abandonar la Roca y expulsaron a sus habitantes. España reconoció a la Corona de Inglaterra (*Tratado de Utrecht*, 1713) "la plena y entera propiedad" de Gibraltar, pero no le otorgó la soberanía ni el derecho a la comunicación terrestre de la colonia con el territorio español.

Gibraltar es, hoy día, un paraíso fiscal y un refugio para la economía sumergida, lo que perjudica a España y a toda la UE, que ha declarado ilegal su sistema fiscal, por suponer un agravio contra la libre competencia. España ofrece a Inglaterra compartir la soberanía de Gibraltar durante un dilatado periodo de tiempo, tras el cual los gibraltareños se integrarían en el Estado español de las Comunidades Autónomas, en cuyo seno gozarían de amplia autonomía política y administrativa y podrían mantener su lengua y cultura.

El Peñón de Gibraltar

EL PAIS

"La Comisión Europea dio ayer un ultimátum al Gobierno de Gibraltar y, subsidiariamente, al Reino Unido, encargado de las relaciones exteriores de su colonia, para que presente una propuesta seria que termine con la condición de paraíso fiscal del Peñón. Según la Comisión, el paraíso fiscal gibraltareño perturba el funcionamiento del mercado único europeo, fomenta la competencia desleal de las empresas instaladas en Gibraltar en relación a las establecidas en otros países de la Unión y genera la existencia de una economía ficticia en el mismo Peñón. Es asimismo obvio que el régimen fiscal de Gibraltar le convierte en un refugio en el que lavan su dinero negro diversas organizaciones dedicadas al contrabando, al tráfico de drogas o a diversas actividades mafiosas. Estamos ante un auténtico escándalo para todo el continente.

Las cifras son elocuentes: en Gibraltar hay inscritas unas 29.000 empresas, más que habitantes tiene la colonia. Más de la mitad de estas empresas declaran no efectuar la menor actividad y no tener el menor ingreso –es decir, son sólo tapaderas-, y sólo unas 1.400 pagan impuestos."

(En *Ultimátum a Gibraltar. El País.* 31-3-2004)

Vista del Peñón de Gibraltar

Los monos del Peñón

Gibraltar

ARTÍCULO X DEL TRATADO DE UTRECHT
13 de Julio de 1713

"El Rey Católico, por sí y por sus herederos y sucesores, cede por este Tratado a la Corona de la Gran Bretaña la plena y entera propiedad de la ciudad y castillos de Gibraltar, juntamente con su puerto, defensas y fortalezas que le pertenecen, dando la dicha propiedad absolutamente para que la tenga y goce con entero derecho y para siempre, sin excepción ni impedimento alguno. Pero, para evitar cualquiera abusos y fraudes en la introducción de las mercaderías, quiere el Rey Católico, y supone que así se ha de entender, que la dicha propiedad se ceda a la Gran Bretaña sin jurisdicción alguna territorial y sin comunicación alguna abierta con el país circunvecino por parte de tierra. Y como la comunicación por mar con la costa de España no puede estar abierta y segura en todos los tiempos, y de aquí puede resultar que los soldados de la guarnición de Gibraltar y los vecinos de aquella ciudad se ven reducidos a grandes angustias, siendo la mente del Rey Católico sólo impedir, como queda dicho más arriba, la introducción fraudulenta de mercaderías por la vía de tierra, se ha acordado que en estos casos se pueda comprar a dinero de contado en tierra de España circunvencina la provisión y demás cosas necesarias para el uso de las tropas del presidio, de los vecinos u de las naves surtas en el puerto.

Pero si se aprehendieran algunas mercaderías introducidas por Gibraltar, ya para permuta de víveres o ya para otro fin, se adjudicarán al fisco y presentada queja de esta contravención del presente Tratado serán castigados severamente los culpados.

Y su Majestad Británica, a instancia del Rey Católico consiente y conviene en que no se permita por motivo alguno que judíos ni moros habiten ni tengan domicilio en la dicha ciudad de Gibraltar, ni se dé entrada ni acogida a las naves de guerra moras en el puerto de aquella Ciudad, con lo que se puede cortar la comunicación de España a Ceuta, o ser infestadas las costas españolas por el corso de los moros. Y como hay tratados de amistad, libertad y frecuencia de comercio entre los ingleses y algunas regiones de la costa de África, ha de entenderse siempre que no se puede negar la entrada en el puerto de Gibraltar a los moros y sus naves que sólo vienen a comerciar.

Promete también Su Majestad la Reina de Gran Bretaña que a los habitadores de la dicha Ciudad de Gibraltar se les concederá el uso libre de la Religión Católica Romana. Si en algún tiempo a la Corona de la Gran Bretaña le pareciere conveniente dar, vender, enajenar de cualquier modo la propiedad de la dicha Ciudad de Gibraltar, se ha convenido y concordado por este Tratado que se dará a la Corona de España la primera acción antes que a otros para redimirla".

La Cooperación española y la ayuda al

desarrollo

Plataforma 07 delante del Congreso

España destina importantes recursos al desarrollo económico, social, científico, cultural y educativo de Iberoamérica, de los países árabes, especialmente de los mediterráneos -Marruecos es el país que más ayuda económica recibe de España-, del África subsahariana y de los países de Europa Central y del Este. Parte de la ayuda española se realiza mediante la concesión de créditos blandos -Fondos de Ayuda al Desarrollo (FAD)-, y parte se delega a las ONG.

El porcentaje del PIB destinado en los últimos años a la ayuda al desarrollo ha sido del 0,23%. En 1994 surgió la Plataforma 0,7, que organiza movilizaciones sociales en demanda de este porcentaje.

Manifestación a favor de la cooperación

Distribución de la ayuda oficial española (bilateral, en millones de euros)				
	2000	2001	2002	2003
Programas y proyectos de la Agencia Española de Cooperación Internacional:	127,9	159,8	57,1	247,4
Fondo de ayuda al desarrollo:	177,3	142,2	201,5	247,4
Programas y proyectos del Ministerio de Educación:	24,8	27,5	27,6	30,3
Programas y proyectos del Ministerio del Interior:	10,5	13,9	12,8	14,8
Programas y proyectos del Ministerio de Trabajo y Asuntos Sociales:	21,5	21,1	24,0	25,9
Programas y proyectos de otros ministerios:	69,0	101,7	79,2	166,9
Cooperación descentralizada:	213,9	208,2	261,3	308,0
Subvenciones a ONG:	90,2	88,0	99,2	–
Ayuda alimentaria:	5,0	5,7	8,6	–
Ayuda de emergencia:	42,2	25,5	19,8	–
Condonación de deuda externa:	18,7	434,9	25,3	24,0
Microcréditos:	24,7	20,5	42,8	60,1

(Fuente: Intermón-Oxfam)

Soldados españoles en acciones humanitarias en Kosovo

El Ejército español lleva a cabo misiones de paz en el exterior, en el marco de los convenios internacionales y en consecuencia con las disposiciones de la ONU.

En abril de 2004 había 1.300 soldados españoles en Irak, 1.156 en Kosovo, 766 en Bosnia-Herzegovina, 356 en el Océano Índico, Mana y Jibuti, y 137 en Afganistán.

La imagen de España en el exterior:
"Marca España"

A pesar de la modernidad de la sociedad española, de su apreciable nivel de desarrollo socioeconómico y de la admiración que han suscitado la transición pacífica de la dictadura a la democracia y la transformación del Estado centralista en autonómico, el cambio en la percepción de España en el exterior no ha evolucionado en la misma medida que su modernización. Aún perviven prejuicios y estereotipos heredados del pasado, sobre todo algunos enraizados en la tradición de la "España de pandereta", creada por los viajeros románticos del siglo XIX, de una España de toreros y folclóricas, falsamente apasionada y patética. En ello nos corresponde a los españoles una parte de culpa, pues con demasiada frecuencia hemos adaptado la imagen de nuestro país a la mirada de los demás. La puesta en marcha del *Proyecto Marca España* responde a la necesidad de "avanzar en la construcción de una imagen de España que responda a la nueva realidad social, económica y cultural de nuestro país."

Instituto   Cervantes

REVISTA   Época

"Efectivamente, desde el punto de vista de la personalidad como país, España se asoma a valores emergentes como el entusiasmo, la calidad de vida y la creatividad, que no son suficientes para dar la credibilidad y el respaldo necesarios a los productos españoles que compiten en el exterior.
En otro ámbito, tanto la moda, el turismo de calidad, el diseño e incluso la gestión empresarial y las nuevas tecnologías son áreas donde, según las encuestas, no estamos transmitiendo el nivel de nuestras empresas y nuestra oferta. Es decir, que existen diferencias muy importantes entre nuestra potencia y capacidad competitiva y la imagen que proyectamos al exterior."

(En *Una nueva imagen para España*, de Ana Luso. *Época*. N° 873. Noviembre 2001)

Vestido del diseñador Javier Larrazar

Todavía se insiste, en el extranjero, en el recuerdo de momentos dramáticos y oscuros del pasado español, como si estos continuaran determinando su presente y su futuro. El terrorismo de ETA puede dar la razón, aunque sea injustamente, a quienes piensan que la España extremista y dogmática aún no se ha extinguido.

4 La sociedad

Calle Preciados. Madrid   Internet para la tercera edad   Bebés   Jovenes en el Parque del Retiro   Gimnas

Los españoles han experimentado en muy pocos años un profundo cambio en sus hábitos, costumbres, valores y organización política, y han conseguido situarse entre los pueblos económicamente más desarrollados y competitivos del mundo. España es, hoy día, un país pluricultural y plurilingüe (el castellano es la lengua oficial en todo el Estado; el catalán, gallego y euskera comparten la oficialidad en sus respectivas Comunidades Autónomas). El centrismo, bajo un doble signo neoliberal y socialdemócrata, es la ideología dominante en la sociedad española actual.

Bajo índice de nacimientos

El índice de fecundidad (1,26 hijos por mujer) es inferior a la media comunitaria (1,53 hijos por mujer) y está por debajo de la tasa de reposición natural de la especie (2,1 hijos por mujer). Casi la mitad de las españolas no tienen hijos.

Año	nº hijos por mujer
1975	2,8
1993	1,27
1998	1,15
2001	1,24
2002	1,26

- El aumento del índice de nacimientos a partir de 2001 se ha debido a las madres inmigrantes.
- Según estudios recientes, España necesita acoger a unos 300.000 inmigrantes al año para renovar sus recursos humanos y mantener las prestaciones sociales actuales.
- El bajo índice de nacimientos se debe a varios factores, entre ellos la incorporación progresiva de la mujer al trabajo, el uso de anticonceptivos por 3 de cada 4 mujeres, las dificultades para encontrar vivienda y el alto índice de precariedad laboral.
- Madrid y Andalucía son las Comunidades de mayor crecimiento vegetativo (nacimientos menos defunciones).

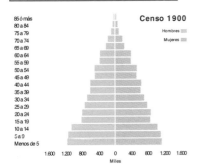

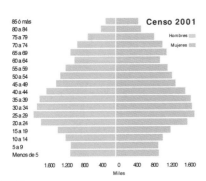

Pirámides de población
La evolución de las pirámides de población muestra unas variaciones muy acusadas en la natalidad y en la mortalidad a lo largo del siglo pasado.
En 1900, la forma correspondía efectivamente a una pirámide, como consecuencia de la fuerte mortalidad que se venía padeciendo entonces a todas las edades. La esperanza de vida apenas sobrepasaba los 30 años y la mortalidad infantil era muy alta. La diferencia entre los dos sexos eran pequeñas.

Cifras INE 2003 –Censo población 2001

El envejecimiento de la población

a edad — Fiesta en una residencia para mayores — Mayores tomando el fresco

Anciana

Hombres jugando a las cartas

Proyección del INE sobre el número de hijos por mujer:	
Año 2010:	1,39
Año 2020:	1,51
Año 2030:	1,52
Año 2040:	1,52
Año 2050:	1,52

Inmigrantes en clase de español

Proyección del INE sobre el índice de mayores de 65 años:	
Año 2010:	17,36%
Año 2020:	19,47%
Año 2030:	23,44%
Año 2040:	28,21%
Año 2050:	30,85%

Edad media de las españolas madres por vez primera: 30,73 años

Como resultado de la baja tasa de nacimientos y del aumento de la esperanza de vida, la población española envejece progresivamente: el 17,1% tiene más de 65 años y cada mes alcanzan esta edad unas 36.000 personas. De mantenerse la actual situación, el 30,85% de los españoles tendrá más de 65 años en 2050. Según estimaciones de las Naciones Unidas, la población española será, en ese año, la más vieja del mundo, la edad media será de 55 años y los casi 43 millones de habitantes actuales descenderán a 31,2. Sin embargo, según el INE, España alcanzará los 50 millones de habitantes en 2025 gracias a la inmigración.

EL PAIS

"La pirámide demográfica se resquebraja en España. Aún no desciende el número de habitantes, pero eso es lo que inevitablemente deparará el futuro si no aumenta espectacularmente la tasa de fecundidad (la menor de Europa) y no se mantiene un flujo continuado de inmigrantes. Ni siquiera así se detendrá el progresivo envejecimiento de la población. Menos jóvenes, más ancianos y menos activos para proveer sus necesidades: educación, sanidad, pensiones... El reto del siglo para los políticos.

Sólo hay dos recetas para evitar el descenso de la población: más hijos y más inmigrantes".

(En *España envejece*, de Luis Matías López. *El País*. 10-8-2003)

Llegada de inmigrantes en pateras

los mayores

- Según el Informe 2002, 1.053.336 mayores necesitan ayuda diariamente.
- Los servicios sociales sólo cuidan al 3,2%. De esta tarea se encarga la familia, sobre todo las hijas, en un porcentaje del 32,3%.
- La mayoría de las cuidadoras tiene entre 40 y 65 años, trabaja y tiene hijos.
- La Administración gratifica económicamente a las amas de casa cuidadoras de personas mayores.

Censos de Población y Viviendas 2001

Boletín informativo del Instituto Nacional de Estadística

Crece el número de personas de edad avanzada que viven solas.

Más del 25% de los mayores de 90 años, unos 60.000, viven solos. De 85 a 89 años esa cifra se eleva a 140.000 y a 250.000 entre 80 y 84 años... es previsible que en el futuro el número de personas dependientes aumente... Todo ello contribuirá a aumentar la necesidad de servicios asistenciales.

Porcentaje de personas de 65 ó más años según forma de convivencia

Edades	Viviendas Colectivas	Viviendas Familiares			Total
		Viviendo solas	Con otras personas todas coetáneas	Con al menos una persona de generaciones siguientes	
65 a 69	0,8	12,4	40,1	46,7	2.090.809
70 a 74	1,2	17,4	43,6	37,8	1.847.316
75 a 79	2,0	23,4	40,6	34,0	1.441.362
80 a 84	3,7	28,5	31,6	36,3	876.532
85 a 89	6,4	29,7	20,8	43,1	479.610
90 ó más	9,5	25,8	10,6	54,2	228.638
Total	153.056	1.368.297	2.630.050	2.812.864	6.964.267

ACTUALIDAD 26-03-04

un suplemento de EL MUNDO

De residencias de ancianos a viviendas para mayores

La tendencia de futuro son los complejos residenciales con apartamentos de 50 metros cuadrados y servicios necesarios para que sus ocupantes vivan a su gusto.

JULIÁN ALBERTO MARTÍN

La percepción que tradicionalmente se ha tenido de las residencias de ancianos va a cambiar de forma sustancial cuando se instaure el nuevo modelo que proponen algunas empresas del sector, que están transformando la idea de los geriátricos en auténticos apartamentos con todos los servicios y comodidades.

Hacia la equiparación del hombre y la mujer

Artículo 14

Los españoles son iguales ante la ley, sin que pueda prevalecer discriminación alguna por razón de nacimiento, raza, sexo, religión, opinión o cualquier otra condición o circunstancia personal o social.

A pesar de que la igualdad jurídica de ambos sexos está reconocida por la Constitución y de que las mujeres superan en número (50,8%) a los hombres (49,5%), aún existe desigualdad de hecho entre unas y otros. Por ejemplo, las tareas domésticas y el cuidado de los hijos recaen sobre todo en la mujer. Sólo algo menos del 20% de los varones colabora con la mujer en los trabajos del hogar.

Según datos de la ONU, España ocupa el puesto 21 entre todos los países del mundo por el nivel de equiparación de sexos y el 15 en el nivel de participación económica y política de la mujer.

La discriminación se produce sobre todo en el ámbito laboral

EL PAIS

Las mujeres acaparan casi la mitad de los nuevos afiliados a los sindicatos en los últimos tres años.

La diversidad de sexo todavía escasea al frente de sectores y territorios de las centrales sindicales.

JUDITH CASALS - Barcelona

La mujer española y su acceso a las Fuerzas Armadas

- La mujer suele encontrar más dificultades que el hombre para acceder al mercado laboral.
- Sólo el 7% de las mujeres trabajadoras consigue acceder a puestos directivos.
- El salario medio de la mujer es, según la OIT*, entre un 27% y un 28% inferior al del hombre.
- La tasa de paro femenino y el índice de temporalidad de los trabajos desempeñados por mujeres son superiores a los de los hombres.
- Una de cada tres jóvenes manifiesta haberse sentido alguna vez discriminada en el trabajo o en casa.

OIT: Organización Internacional del Trabajo

– **Las mujeres suponen el 40,3% de la población activa.**
– **Índice de mujeres trabajadoras: 37,3%.**
– **Índice de mujeres casadas que trabajan fuera de casa: 40%.**

Las desigualdades
decrecen

Carmen Iglesias.
Directora del Centro de Estudios
Políticos y Constitucionales

Magda Salarich Fernández de
Valderrama.
Directora Comercial de
Citroen para Europa

Ana Patricia Botín.
Presidenta de Banesto

- Según datos de la Caixa de Catalunya, la media anual de incorporación de la mujer al mercado laboral (6,2%) es casi el doble que la de los hombres (3,34%).
- Según un estudio de la Fundación BBVA, 100.000 mujeres al año dejan de ser amas de casa y se incorporan al mercado laboral.
- Las estudiantes superan en número a los estudiantes en los programas de doctorado y suelen terminar las carreras antes y con mejores notas que éstos.
- El número de científicas es superior al de científicos.
- El 40% de las jóvenes entre 18 y 21 años sigue estudios superiores, mientras que en el caso de los chicos lo hacen sólo el 28%.
- El porcentaje de mujeres entre 25 y 34 años con estudios superiores (58%) supera al de los hombres (51%).
- El 70% de los españoles considera ideal la familia en la que ambos cónyuges trabajan fuera de casa y en la cual se reparten equitativamente las tareas del hogar y el cuidado de los hijos.
- En el Congreso había, en abril de 2004, 126 diputadas, un 27% más que en 2000.
- En el Gobierno socialista nombrado tras las elecciones de marzo de 2004 hay el mismo número de mujeres que de hombres.

El rechazo y la alarma que provocan la violencia de género y el maltrato doméstico, del que suelen ser siempre víctimas mujeres y niños, es prueba de la sensibilidad de la sociedad española ante la cuestión de la discriminación de la mujer.

Amparo Moraleda.
Presidenta de IBM
España y Portugal

Gemma Nierga.
Periodista radiofónica

María Teresa Fernandez.
Vicepresidenta primera del Gobie

EL◉MUNDO

"Tres de cada cinco españoles creen que las desigualdades de género en España son "bastante o muy grandes", frente a un 37% que opina que estas diferencias son "pequeñas o casi inexistentes", según datos del barómetro del CIS correspondiente al mes de febrero.
No obstante, casi tres cuartos consideran que las situaciones de discriminación por razón de sexo son menores ahora que hace 10 años. Pero, en todos los casos, más de la mitad de los españoles consideran que las mujeres lo tienen peor que los hombres en cuestión de salarios, perspectivas de promoción profesional, oportunidades para encontrar trabajo, estabilidad en el puesto, acceso a la educación, y acceso a puestos de responsabilidad en las empresas y la política."

(En *Tres de cada cinco españoles creen que las desigualdades de género son todavía "bastante o muy grandes"*. Europa Press. elmundo. es. 2-4-2004)

Los jóvenes

El *Informe de Juventud en España 2000*, del Instituto de la Juventud (INJUVE), aporta interesantes datos sobre los jóvenes españoles de comienzos de siglo, en edades comprendidas entre los 15 y los 29 años. El número de jóvenes ascendía a 8.978.326 y Andalucía, Cataluña, Madrid y la Comunidad Valenciana concentraban el mayor porcentaje de población joven. Respecto al grado de autonomía económica, el 29% de los jóvenes españoles es autosuficiente y el 42% sólo puede pagarse sus gastos de bolsillo. El 32% consigue la emancipación económica a los 25 años y el 72% a los 29. La edad media en que los jóvenes consideran posible abandonar el hogar familiar es en torno a los 26 años. No obstante, una de cada dos personas entre los 26 y 29 años vive con su familia de origen.

Algunos datos:

4 de cada 10 menores de 30 años trabajan.
El 75% vive con sus padres.
El 23% vive de sus propios ingresos.
El 83% se declara bastante o muy satisfecho con su vida personal.
El 14% usa Internet asiduamente.
El 6% de los jóvenes entre 18 y 24 años asiste a misa.
El 15% fuma marihuana o hachís.
Suelen tener su primera experiencia sexual a los 16,5 años de edad.
El 90% no utiliza anticonceptivos en su primera relación sexual.
El número de embarazos no deseados entre jóvenes asciende a unos 18.000 al año y a 7.000 el de abortos.
El 50% de las adolescentes embarazadas opta por el aborto.
Paro, terrorismo, sida y droga constituyen el centro de las preocupaciones de los jóvenes.

Según la Revista *Clave* (11-17 abril de 2003)

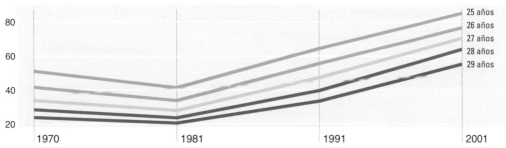

Evolución temporal del porcentaje de personas solteras (de 25 a 29 años)

- 25 años
- 26 años
- 27 años
- 28 años
- 29 años

80

60

40

20

1970   1981   1991   2001

Hace solo 20 años, estas cifras eran distintas: el porcentaje de solteros a los 25 años ha pasado del 40% a más del doble, el 85%; y a los 29 años, del 20% al 56%, casi el triple.

La persistencia del
machismo

Un estudio realizado entre 1998 y 2000 por psicó-
logos de la Universidad Complutense de Madrid,
en el que participaron jóvenes entre 14 y 18 años,
reveló la persistencia del machismo entre los chicos y el rechazo del mismo por las chicas.

- El 88% de las chicas y el 58% de los chicos estima-
ban que las tareas domésticas deben repartirse
entre ambos sexos.

Valores e ideales

- Los jóvenes comprendidos entre 12 y 18 años otorgan gran valor a la familia, suelen ser tolerantes y liberales,
se preocupan por su futuro laboral, por la amistad y por el terrorismo.
- Son muy críticos con los dirigentes y manifiestan muy escaso interés por la política, las instituciones, los par-
tidos, el ejército y la Iglesia.
- La mayoría se declara de ideología centrista.
- Aumenta el número de jovenes a los que la religión les es indiferente, y el de los no creyentes.
- El 63% tiene un concepto negativo de la inmigración.
- Son mayoritariamente antibelicistas.
- Muchos de ellos se declararon objetores de conciencia antes de la desaparición del servicio militar obligato-
rio (31 de diciembre de 2001), y es insuficiente el número de candidatos a ingresar en el Ejército profesional.

Censos de Población y Viviendas 2001
Boletín Informativo del Instituto Nacional de Estadística

Según el *Informe Juventud 2000*, el 69% de los jóvenes entre 15 y 17 años de edad se iden-
tifica con su pueblo o ciudad, el 14% con España, el 10% con su Comunidad Autónoma y el
2% con Europa. El 8% se declara ciudadano del mundo.

A finales de 2001, el número de aspirantes a ingresar en el Ejército profesional era sólo de 0,4
por puesto ofrecido.

- El número de abortos va en progresión: 54.000 en 1998 y 77.000 en 2002.
- Dos de cada 10 niños nacen de madres no casadas.
- El matrimonio es la forma más habitual de convivencia.
- En los 14,2 millones de hogares españoles predominan las parejas. Las parejas no casadas
suponen el 5,9% del total.

La familia

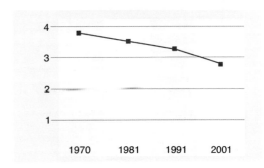

La familia es la célula social básica y más valorada. Es prioritaria para el 99% de los españoles, pero en los últimos años ha perdido cohesión y perdurabilidad. Cada vez son más frecuentes los matrimonios civiles, las uniones libres, los hogares monoparentales y los reconstituidos.

Las parejas de hecho son muy numerosas y están socialmente admitidas. La ausencia de una normativa reguladora de ámbito nacional para este tipo de uniones ha impulsado a las Comunidades Autónomas a establecer sus propias leyes al respecto.

La familia tradicional, formada por padres, hijos, abuelos, tíos, primos, etc., ha sido sustituida por la llamada "nuclear": padre, madre y uno o dos hijos. Aumenta el número de separaciones y de divorcios. El porcentaje de hijos extramatrimoniales es del 16%.

Número medio de miembros por familia

	1970	1981	1991	2001
4	■			
3		■	■	■
2				
1				

Las relaciones
padres e hijos

- Según un estudio de la Fundación Santa María, la autoridad de los padres se ha debilitado en los últimos 25 años, la convivencia familiar está en regresión y los padres son cada vez menos exigentes con sus hijos.

- El 53% de los padres es flexible en cuestiones de disciplina.

- El 68% de las parejas considera obligación de los padres procurar la felicidad y el bienestar de sus hijos.

- La familia es para el 90% de los jóvenes de entre 12 y 18 años la institución en la que más confían.

Las cualidades más valoradas por los padres son la honradez de sus hijos y su esfuerzo en el estudio. Valores muy apreciados son también la capacidad de diálogo para resolver conflictos, el rechazo de la violencia, la firmeza en la consecución de objetivos, la cultura y el sentido estético, la solidaridad y la independencia de pensamiento. La religiosidad aparece entre las cualidades menos valoradas.

Padre e hijo

Celebración de la primera Comunión

La formación y los estudios

- El analfabetismo es prácticamente inexistente en España.
- Madrid, Navarra y el País Vasco cuentan con los índices más altos de población con formación superior, mientras que los más bajos se dan en Andalucía, Extremadura y Castilla-La Mancha.
- España es el país de la Unión Europea que, proporcionalmente a su población, cuenta con el mayor número de universitarios.

Número de alumnos por ciclos de enseñanza	
Educación infantil:	1.200.000
Primaria:	2.470.000
Especial:	27.000
Secundaria:	1.906.000
Bachillerato:	720.000
Formación profesional:	6.900.000
Universidad:	1.500.000

(Fuente: *La clave de la opinión pública*. Nº 104. 11–17 de abril de 2003)

El 21% de la población ha realizado estudios superiores.
El 23% tiene estudios medios.
El 95% considera muy importante dominar al menos una lengua.

Índices de lectura

- El 47% de la población nunca o casi nunca lee libros.
- El 17,7% es lector ocasional.
- El 0,8% de los hogares no dispone de ningún libro.
- El sector de población que más lee es el comprendido entre los 14 y los 24 años.
- Las mujeres leen más que los hombres.
- La materia predilecta de los lectores es la literatura.

(Datos obtenidos del Barómetro de hábitos de lectura y compra de libros, realizado por la Federación de Gremios de Editores de España)

"De acuerdo con un estudio elaborado por la Federación de Gremios de Editores de España, los lectores de libros navegan más por Internet (34,9%) que los no lectores (15,1%) y, según esta encuesta, el 20% leyó o consultó libros a través de la red durante el primer trimestre de este año, mientras que sólo el 4% compró libros en las páginas web".

(En *Un futuro incierto para la literatura en Internet*, de Marta Brocha. *La Razón*. 20-10-2002)

El consumo de periódicos es de unos 118 ejemplares cada mil habitantes. El 35% de la población adulta lee diariamente la prensa. El *Plan de Fomento de la Lectura 2001-2004* se propone mejorar la situación lectora de los españoles. Este plan, elaborado por los editores en 2001, trata de estimular el hábito de la lectura en las escuelas y de incrementar el número de bibliotecas.

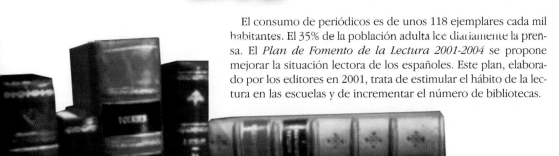

Las ciudades

Vista panorámica de Barcelona

La mayoría de las ciudades españolas tienen un origen remoto -algunas de ellas proceden incluso de época prerromana- y son, por tanto, resultado de un dilatado proceso histórico, de ahí la gran riqueza y variedad de sus monumentos y tesoros artísticos.

Plaza de España. Madrid

Ciudades más pobladas de España (según censo de 2002)	
Madrid:	3.016.788
Barcelona:	1.527.190
Valencia:	761.871
Sevilla:	704.114
Zaragoza:	620.419
Málaga:	535.686
Las Palmas de Gran Canaria:	370.649
Palma de Mallorca:	358.462
Bilbao:	349.972
Valladolid:	318.576

Alhambra de Granada

Madrid

Puerta de Alcalá

Cocido madrileño

Plaza Mayor

Museo del Prado

La Cibeles

Palacio de Congresos

Palacio Real

Azca

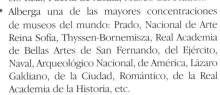
Vista panorámica

Capital del Estado desde el siglo XVI

- La ciudad de Madrid está situada en el centro geográfico de la Península. Su clima es de carácter continental.
- Es sede del Gobierno.
- Es la gran capital política, económica y cultural.
- En 2001 fue Capital Mundial del Libro.
- Sus más bellos monumentos son de los siglos XVII y XVIII: Ayuntamiento, Plaza Mayor, Palacio Real, Puerta de Alcalá, Museo del Prado...
- Alberga una de las mayores concentraciones de museos del mundo: Prado, Nacional de Arte Reina Sofía, Thyssen-Bornemisza, Real Academia de Bellas Artes de San Fernando, del Ejército, Naval, Arqueológico Nacional, de América, Lázaro Galdiano, de la Ciudad, Romántico, de la Real Academia de la Historia, etc.
- Posee una de las mejores y más extensas redes de metro y de trenes de cercanías de Europa.
- Según datos de Eurostat, es la segunda capital más barata de la UE.
- Madrid aspira a ser sede olímpica en 2012.

No lejos de Madrid están situados los palacios reales (Reales Sitios) de La Granja, Aranjuez, Riofrío y del Monasterio de El Escorial, que es uno de los monumentos más emblemáticos de España.

Puerta de Europa

Barcelona

La Sagrada Familia

La Rambla

Vista panóramica de Barcelona

La Pedrera

Puerto de Barcelona

Puerto Olímpico

Monumento a Colón

Estadio Olímpico

Capital de Cataluña

- Está situada entre el mar y las montañas. Su clima es mediterráneo.
- Es una ciudad burguesa, industrial y portuaria, de racional urbanismo y excelente nivel de equipamiento.
- Su riqueza monumental es resultado de su gran historia: posee templos y palacios de todas las épocas -románicos, góticos, renacentistas, neoclásicos, modernistas y vanguardistas-, entre ellos el Monasterio de Pedralbes, la Catedral y la basílica de Santa María del Mar, las Atarazanas, el Palacio de la Generalitat y gran número de obras de Gaudí.
- Entre sus museos destacan el Nacional de Arte de Cataluña, el museo Picasso y el Contemporáneo.
- El Liceu y el Palau de la Música son importantes centros de la actividad musical del país.
- La ciudad celebró en 2002 el 150 Aniversario del nacimiento de Gaudí y, en 2004, el Fórum Universal de las Culturas, a fin de promover la investigación, la innovación y la reflexión mediante el diálogo intercultural.

Montjuïc

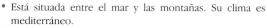

España Siglo XXI

Valencia
La tercera ciudad de España

- Valencia es la tercera ciudad de España por su número de habitantes, actividades económicas y dinamismo cultural.
- El Instituto Valenciano de Arte Moderno (IVAM), el Museo de Bellas Artes, la Ciudad de las Artes y las Ciencias, el Museo Valenciano de la Ilustración y la Modernidad y la Bienal de Valencia son exponentes del alto nivel de su oferta cultural.
- El Palau de les Arts, diseñado por el arquitecto Santiago Calatrava, aspira a convertirse en un importante centro mundial del arte y la cultura.
- Valencia se prepara para organizar, en 2007, la Copa América de Vela.

Ciudad de las Artes y las Ciencias

Mercado Central

Acuario

Paseo situado en el centro de la ciudad

Otras ciudades de gran riqueza artística son:

- En Andalucía: Sevilla, arte almohade, gótico y barroco; Córdoba, califal; Granada, nazarí y renacentista; Úbeda y Baeza, renacentista.
- En Galicia: Santiago de Compostela, románico.
- En Castilla-León: Salamanca, plateresco; Burgos y León, gótico; Ávila y Segovia, románico y gótico.
- En Castilla-La Mancha: Toledo, mudéjar, gótico y gótico flamígero.
- En Cataluña: Gerona, gótico; Tarragona, ibérico, romano y gótico.
- En Extremadura: Cáceres, plateresco y gótico; Mérida: romano y visigodo.

Catedral de Santigo de Compostela

Alcázar de Segovia

Murallas de Ávila

El patrimonio artístico y urbanístico de España, uno de los mas variados y ricos del mundo, no se limita a unas cuantas ciudades, sino que se halla distribuido por todo el territorio nacional en decenas de pequeñas ciudades y poblaciones. Ejemplo de esto son los pueblos blancos andaluces, o los pueblos del Ampurdán (Cataluña), de original arquitectura rural y popular, e innumerables casas hidalgas, palacios, templos, monasterios, ermitas, castillos y fortalezas: Santillana del Mar (Cantabria); Albarracín (Aragón), Trujillo (Extremadura), Carmona y Vejer de la Frontera (Andalucía), Villanueva de los Infantes (Castilla-La Mancha) y El Burgo de Osma (Castilla y León), entre otros.

5 Nueva mentalidad...

Como resultado del desarrollo económico, de la mundialización de los valores, de la revolución tecnológica y del auge de la sociedad de la información y de la cultura digital, las mentalidades de los españoles y sus formas de comportamiento han experimentado una profunda transformación desde comienzos del último tercio del siglo XX. Los cambios se han manifestado incluso en los hábitos lingüísticos, como en el caso de la generalización del uso indiscriminado del tuteo.

Tendencias sociológicas

Las formas de comportamiento de los españoles son similares a las de sus vecinos europeos. El consumismo, la competitividad, el deseo de poder y el enriquecimiento rápido son valores en alza. Sin embargo, algunos sectores sociales, jóvenes sobre todo, consideran que es mejor vivir que poseer. Se comienza a valorar más la función social que la posesión de dinero.

- Existe una gran movilidad social y los límites entre las clases sociales son cada vez más difusos.
- Desciende el número de católicos en la misma medida que aumenta el de indiferentes, agnósticos y seguidores de otras religiones, credos y sectas del más variado signo.
- La mujer ha accedido masivamente al trabajo y sus actitudes e intereses apenas difieren de los de los hombres.
- Las parejas de hecho están socialmente aceptadas y en vías de serlo jurídicamente en todas las Comunidades Autónomas.
- La mayoría admite las relaciones sexuales prematrimoniales y existe una mayor tolerancia hacia las uniones homosexuales.
- El aborto está despenalizado en caso de malformación del feto, de embarazo por violación y de peligro para la salud física o psíquica de la madre.
- El derecho al matrimonio de homosexuales y transexuales está en vías de legalización.
- Después de la familia, los españoles conceden gran importancia al trabajo (90%).
- Prefieren la variedad a la uniformidad y se manifiestan respetuosos con las diferencias, con los estilos de vida y con la moral de los demás.
- El 74% está de acuerdo con el reconocimiento de las diferentes identidades que forman España; el 20% se manifiesta a favor de la identidad única.
- Los españoles son antibelicistas, como se puso de manifiesto en el rechazo del 91% de la población a la intervención militar en la guerra Irak que dio comienzo a principios de 2003.
- Los hijos se toman cada vez más tiempo para abandonar el hogar de los padres.
- Las ofertas de trabajo, los estudios, las titulaciones universitarias y las formas de ocio se han diversificado.
- Se cambia con frecuencia de pareja, de empresa y de domicilio.

...nuevos comportamientos

Persiste en la sociedad española cierto grado de resistencia a reconocer el mérito de los demás.

Los españoles suelen desconfiar de la Administración, son muy críticos con sus gobernantes, se resisten a asumir como cuestión propia los asuntos colectivos y evocan más sus derechos que sus obligaciones.

LA DISCRIMINACIÓN GENERA VIOLENCIA
No lo permitas: actuaconamnistia.org

Amnistía Internacional
NO más violencia contra las mujeres

Las relaciones interpersonales

   Según un estudio del Observatorio Europeo del Racismo y la Xenofobia, los españoles se declaran multiculturales, respetuosos con las minorías y solidarios con las víctimas de las guerras y de las catástrofes naturales. España es uno de los primeros países en donación de órganos: 34 donaciones por millón de habitantes en 2002.

El 57% se declara comprometido con la inmigración.

* Aumentan la comunicación y las relaciones interpersonales, pero crece el número de personas solitarias.
* Son muy bajos los índices de implicación política y de afiliación a los partidos políticos y a los sindicatos.
* La participación ciudadana se lleva a cabo preferentemente a través de asociaciones no gubernamentales(ONG)
* La mayoría (90%) considera el amor como el factor esencial en las relaciones de pareja, seguido de la fidelidad (79%) y la sexualidad (74%).

   El 79,5% de las parejas otorga gran valor al amor y al respeto mutuo y el 72%, al matrimonio. Más del 50% da gran importancia a las relaciones sexuales satisfactorias, el 36,1% a tener hijos y el 29,6% a la participación igualitaria en los trabajos domésticos.
   El número de parejas del mismo sexo declaradas ascendía en 2001 a 10.474, de las cuales 6.885 eran de hombres y 3.619 de mujeres.

Fuente: INE)

EL sentimiento
nacional

Se asiste en nuestros días a un debilitamiento del sentimiento nacional, en beneficio de nuevas patrias (autonómicas, regionales, locales) o de diversa índole -clubes de fútbol, por ejemplo-, que levantan encendidas pasiones.

Según el Informe Mundial sobre la Cultura (UNESCO, 2000), los españoles se identifican menos con el país que con su provincia o lugar de residencia. En 2001, el 85% de los ciudadanos prefería vivir en su comunidad de origen, y entre los que estarían dispuestos a cambiar de residencia, el 21,4% elegiría Andalucía, seguida de Cataluña (12,9%) y de la Comunidad Valenciana (9,8%).

Sólo el 6% está de acuerdo con la frase: "mi país es el mejor", mientras que la media mundial que está de acuerdo con dicha afirmación es del 18%. Sin embargo, según datos del CIS (2002), el sentimiento nacional es mayoritario: el 85,2% de los españoles se siente orgulloso de serlo, frente al 12% que manifiesta sentirse poco o nada español.

Selección española de fútbol

Homenaje a la bandera

En caso de que España fuera atacada por un ejército extranjero, el 20,5% asegura que participaría voluntariamente en su defensa, el 25,3% afirma que probablemente participaría y el 30% rechaza su participación.

El 51,4% de los ciudadanos tiene una buena opinión de las Fuerzas Armadas y el 80% considera al Ejército profesional como el instrumento más adecuado para la defensa del país.

Las actitudes ante la integración europea y la globalización

Ante Europa

Según el Eurobarómetro de otoño de 2000, el 63% de los españoles consideraba positivo ser miembro de la UE, el 68% apoyaba la moneda única y la política exterior común y el 58% aceptaba la inclusión de nuevos miembros comunitarios.

El pueblo español es, por tanto, favorable a la integración europea, sobre todo a la económica, pero es bajo todavía el porcentaje de españoles que se sienten ciudadanos europeos.

AHORRO ceco
CONFEDERACIÓN ESPAÑOLA DE CAJAS DE AHORROS

"Todavía es bajo el porcentaje de los encuestados que se sienten ciudadanos europeos, sólo un 23 por ciento de los españoles. El 62 por ciento se siente sobre todo ciudadano español y, cuando se le pregunta cómo quiere sentirse en el futuro, la mayoría, un 51 por ciento, afirma que ciudadano español. Sólo un 33 por ciento asegura que ciudadano español y europeo."

(En *La cuenta atrás del euro*, en *Ahorro*, Revista de la Confederación Española de Cajas de Ahorro. Marzo 2001. Nº. 364)

Ante la globalización

No faltan en España críticas al mercado único y a la globalización. Grupos y colectivos de ecologistas, algunos sectores de la izquierda parlamentaria, varios sindicatos y el movimiento *Okupa* se manifiestan en contra de la economía global, de la política del Fondo Monetario Internacional y del Banco Mundial, de la liberalización y privatización de los servicios tradicionalmente monopolio de los estados, de la precariedad laboral, del coste social de las exigencias del euro y de la explotación de la mano de obra infantil en el Tercer Mundo.

Manifestación antiglobalización

Una sociedad más
laica

Portal de Belén

- Aunque el 83,6% de los españoles se declara católico, el número de practicantes es sólo del 20%.

- La religiosidad de los hijos se encuentra entre los valores menos apreciados por los padres. Sin embargo, la reivindicación de las tradiciones ha estimulado la religiosidad popular de las romerías, de las procesiones de Semana Santa y de las festividades vinculadas a los santos patronos de pueblos y ciudades.

- Para amplios sectores de la sociedad española, el catolicismo es, hoy día, una forma de manifestación cultural más que una religión.

Penitentes en Semana Santa

- La oferta de la enseñanza de la religión es obligatoria en los centros escolares, pero de elección voluntaria para los alumnos.

- El número de musulmanes asciende a 600.000, a 100.000 el de testigos de Jehová y a 25.000 el de judíos.

- Según la Federación de Entidades Religiosas Evangélicas de España (FEREDE), el número de sus afiliados es de 350.000.

Se asiste en nuestros días a la emergencia de nuevas formas de espiritualidad de carácter místico y esotérico. También están en relativa progresión las sectas multinacionales, entre las que algunas son acusadas de extorsionar a sus seguidores y de manipular sus voluntades.

Simbolo judío

"El presidente de la Conferencia Episcopal Española y obispo de Madrid, Antonio María Rouco Varela, se mostró ayer preocupado por la escasez de vocaciones sacerdotales en España, que está provocando, dijo, que "muchos seminarios hayan comenzado el curso sin ningún seminarista".
(En *La Vanguardia Digital*.1-10-2002)

La cultura política

- Los modestos índices de afiliación a los partidos políticos y a los sindicatos se atribuyen a la pervivencia de la cultura política de la dictadura, que acostumbró a la ciudadanía a permanecer indiferente ante las cuestiones públicas.
- Excepto en el caso del nacionalismo radical vasco, la intolerancia y el autoritarismo han desaparecido de la vida política española y los partidos centristas, PSOE, PP y CiU, son los más votados.

El consumismo cultural

Teatro Real de Madrid

El consumismo se ha extendido también a la cultura, que se ha comercializado. Gozan de gran popularidad los grandes espectáculos y las puestas en escena que combinan sonido, imágenes visuales y diversas formas musicales, los lenguajes de la publicidad, los cómics, el cartelismo, el diseño y la moda, las artes ornamentales y la artesanía de consumo, los adornos corporales, etc.

Aumenta el número de asistentes a festivales musicales de calidad como los de Peralada, Santander, Granada y Las Palmas, así como a óperas y conciertos en escenarios de gran prestigio como el Liceo de Barcelona, el Teatro Real de Madrid y la Maestranza de Sevilla.

"El pleno del Ayuntamiento de Barcelona, con 21 votos a favor, 15 en contra y dos en blanco, se declaró ayer "contrario a la práctica de las corridas de toros". Fue un gesto, por ahora, más que nada simbólico, porque la administración municipal no tiene competencias para suspender los espectáculos taurinos. Pero la declaración, sometida a votación secreta, es una victoria que llena de esperanza a los colectivos proteccionistas".

(En *Un pleno de BCN dividido se declara "contrario a las corridas de toros"*, de Carles Cols ©, en *el Periódico*, Ediciones Primera Plana, S.A. 7-4-2004)

El aumento del nivel de vida y educacional favorece el turismo cultural.

Los espectáculos tradicionales y las manifestaciones de la cultura popular atraen cada vez más el interés de los españoles.

El consumo medio de televisión por persona y día fue de 208 minutos en 2001 y de 211 en 2002. La oferta de programas culturales en el conjunto de las televisiones públicas y privadas es del 13,5%.

Los deportes-espectáculo, fundamentalmente el fútbol, atraen a numerosos españoles.

El número de asistentes a las corridas de toros es muy bajo en relación con los espectáculos deportivos.

Algunos movimientos ciudadanos piden la desaparición de los espectáculos taurinos.

egún el Anuario SGAE* 2003, durante 2002, el número de asistentes a representaciones teatrales aumenó en un millón, mientras que el de asistentes al cine descendió en tres millones y la cuota de mercado de ine español bajó del 18% al 13%.

as nuevas tecnologías de la comunicación y de la información fomentan la cultura digital y el consumo de roductos cibernéticos.

GAE: Sociedad General de Autores y Editores.

La transformación de los hábitos
alimentarios

La cocina española es extremadamente variada, de manera que no existe un plato nacional. Sus ingredientes son los tradicionales en el mundo mediterráneo: cereales, aceite de oliva, verduras, pescado, legumbres, fruta natural, etc., todos ellos de efectos muy saludables. La escuela culinaria tradicional española se ha renovado con cocineros de prestigio internacional como Juan Mari Arzak, Ferrán Adriá y Martín Berasategui.

De gran calidad son los productos españoles derivados del cerdo, especialmente el jamón serrano -el jabugo sobre todo-, así como los quesos. También destacan los vinos y cavas, entre ellos los de la Ribera del Duero, Rioja, Somontano, Penedés, Priorato, Jerez, Navarra y Galicia.

Caldos españoles

Jamón de Jabugo

le nouvel Observateur

"¿Los cocineros españoles son los mejores del mundo? Arthur Lubow publicó en el New York Times, en agosto de 2003, un vibrante homenaje a la nueva gastronomía española y a su héroe Ferrán Adriá (...), que, al menos, tuvo el mérito de confirmar lo que todos los observadores ya saben: que desde hace algunos años España está realizando una movida culinaria gracias a cocineros de gran creatividad y talento. La cocina española de autor, elevada a la categoría de arte contemporáneo, tendrá pronto su "Food Culture Museum" en Barcelona, en donde 2005 será el Año de la Gastronomía (...)

A sus espectaculares creadores, España ofrece productos de calidad, como es el caso del aceite. Con cerca de dos millones de hectáreas plantadas, el país abastece a la mayoría del embotellado industrial. Así, un aceite comercializado con etiqueta italiana, embotellado en la Toscana, puede contener hasta un 70% de producto español".

(En *Movida en cuisine*, de Marjorie Alessandrini. *Le Nouvel Observateur*. N° 20057, del 8 al 14 de abril de 2004. Traducción de S.Quesada)

Ferrán Adriá

Los hábitos alimentarios están experimentando una profunda transformación. El ritmo y las necesidades de la vida moderna está imponiendo el abandono progresivo de la dieta mediterránea tradicional. El consumo de legumbres, fruta, verdura y pescado desciende en la misma medida que crece el de precocinados, carne, embutidos y bollería industrial. Los niños ingieren demasiados alimentos grasos y dulces y, en general, se come más de lo que se necesita, de manera que el peso medio de los españoles se incrementa. El 43% de las jóvenes y el 27% de los jóvenes creen estar gordos o un poco gordos. El 14% de los niños y jóvenes entre 2 y 25 años tiene problemas de sobrepeso, y se estima que en 2006 el 69% de la población padecerá de problemas relacionados con el aumento de peso.

Paella, plato regional valenciano

¿Cómo se ven los españoles
a sí mismos?

Los españoles se ven a sí mismos como un viejo pueblo que ha contribuido decisivamente al enriquecimiento del patrimonio cultural mundial y que ha realizado un gran esfuerzo para situarse entre los países más desarrollados del mundo.

Son conscientes de la relevancia histórica y presente de su arte y de su cultura, del auge creciente de sus lenguas, del valor ejemplificador que tiene la organización político-administrativa del Estado de las Comunidades Autónomas para la Europa de las regiones, y del papel de pioneros que han desempeñado en el reconocimiento de las identidades, lenguas y culturas vernáculas y regionales.

6 Economía, infraestructuras

El príncipe Felipe y el alcalde de Madrid visitando unas obras   Trabajos de mejora de las infraestructuras   Playa de Ibiza

Según la Fundación BBVA, durante los últimos cuarenta años el PIB ha aumentado en España un 239%. En 2003, año de recesión, creció un 2,4% y sólo un 0,4% el europeo. Se prevé un crecimiento del 3% durante el periodo 2004-2007.

Moneda de 1 euro

La política económica española es de carácter neoliberal, similar a la de sus socios europeos: limitación de la intervención del Estado, privatizaciones, flexibilización del mercado del trabajo, reducción de las cotizaciones empresariales a la Seguridad Social, fomento de la competencia y de la competitividad, adaptación de los salarios a la productividad, etc. En diciembre de 2001, la agencia estadounidense Moody's otorgó la máxima calificación a la deuda pública española, lo que sitúa a España entre los 13 países más solventes del mundo. La peseta, moneda nacional española desde 1869, dejó de existir oficialmente el 28 de febrero de 2002, y fue sustituida por el euro.

Pantano del Atazar

Billete de 1.000 pesetas, moneda extinguida en 2002.

Metro de Madrid

y Estado de bienestar

va estación de metro del aeropuerto de Madrid-Barajas   Personal de Protección Civil   Obras de la nueva autopista M-50

Las fuentes de energía

España es un país deficitario en recursos energéticos. Fuentes energéticas de gran futuro son las llamadas renovables: solar, eólica, geotérmica, mareomotriz. España es el segundo país productor de energía eólica, cuya potencia en 2010 erá equivalente a la de siete centrales nucleares. Se prevé elevar la aportación de estas energías del 6% actual al 12%, en 2010. Un decreto de agosto de 2002 ha autorizado la instalación en España de grandes plantas térmicas comerciales, as mayores del mundo, que utilizarán rayos solares como único combustible.

Energía eólica

La energía nuclear no ha gozado nunca de buena imagen en España: en 1983 entró en vigor la moratoria nuclear y se detuvo la construcción de centrales. En España hay nueve reactores nucleares, que producen el 33,1% de la energía nacional.

A fin de satisfacer la demanda de electricidad, que en 2003, año de recesión, reció, sin embargo, un 3,5%, su producción se amplía constantemente con la onstrucción de nuevos embalses, pero su desarrollo está limitado por el déficit e lluvia.

Energía solar

Se confía en lograr el cierre de todas las centrales antes de 2015.

Situación de las centrales nucleares en España

Puesto de mando de una central nuclear

Energía nuclear. Valdellós

El Gobierno se propone rebajar el gasto energético de los hogares españoles, que en 2002 aumentó en un 4,3% respecto al año 2000.

Las actividades
económicas

Auge del sector servicios y de las industrias culturales

Servicios

- El sector servicios es el más desarrollado, como corresponde a una sociedad moderna.
- Según un estudio de la Fundación BBVA, el 65% de los españoles trabajará en el sector servicio en 2006.

Industrias culturales

- Cada vez tienen más relieve económico las indus trias culturales -cine, música, libros, etc.- y la relacionadas con el ocio, que son ya la cuart actividad económica del país y representan el 6% del PIB.
- La edición y distribución de libros es una dinám ca industria cultural que ocupa el quinto luga entre todas las del mundo y el tercero en Europa
- Hispanoamérica, la UE y los Estados Unidos ab sorben el 92% de la exportación de libros españoles

Español Lengua Extranjera (ELE)

- Según un estudio patrocinado por la Fundació Santander Central Hispano, las actividades rela cionadas con la lengua española, durante periodo 1995-2001, han supuesto el 15% del PIF

Escultura urbana de Barcelona

Autobús turístico de Barcelona

Ven y *Nuevo Ven*, método de Español lengua Extranjera.
Más de un millón de ejemplares vendidos

El turismo,
sector clave de la economía

Número de turistas en 2001:	**50.100.000**
Número de turistas en 2002:	**52.377.000**
Número de turistas en 2003:	**52.477.000**

- España es el segundo país del mundo en cuanto al número devisitantes extranjeros y el tercero en ingresos por turismo.
- El sector representa en torno al 12% del PIB y emplea al 10% de la población activa.
- En 2003 cubrió el 65% del déficit comercial.
- España posee una red de más de 6.000 hoteles y varios miles de apartamentos en alquiler.
- Las comunidades que más turistas atraen son Cataluña, Canarias, Baleares, Comunidad Valenciana y Andalucía.

El agotamiento progresivo del modelo tradicional de turismo de sol-playa ha estimulado el desarrollo del turismo cultural y del deportivo.

Turistas en las islas Baleares

Playas de Murcia

el Periódico

"A pesar de estos buenos datos, el vicepresidente advirtió de que tanto la industria turística como los hábitos de los consumidores están cambiando y es necesaria una nueva definición de la política turística". La reducción de la duración de los viajes de vacaciones, el incremento del turismo independiente frente al canalizado por los turoperadores y el aumento del turismo extrahotelero son algunos de estos cambios.

Estos datos explican por qué, a pesar del incremento de turistas, la rentabilidad de los hoteles cayó entre un 5% y un 8%, según la patronal".

(En *España cerró el 2003 con un nuevo récord de turistas*, de Salvador Sabriá ©. *el Periódico*, Ediciones Primera Plana, S.A. 29-1-2004)

Museo del Prado

Centro de Arte Reina Sofía

El comercio

- La balanza comercial española ha presentado un saldo negativo en los últimos años.
- La tasa de cobertura de las exportaciones sobre las importaciones es de alrededor un 75%.
- Los ingresos por turismo y los beneficios de las inversiones en el exterior compensan el déficit de la balanza comercial.
- Por áreas geográficas, la UE es el más importante cliente y proveedor de España.
- Mercados en crecimiento para los productos españoles son los países del Magreb, China, Japón, Corea y los países del centro y del este europeos.

EL PAIS

"Las exportaciones españolas a los cinco países del Magreb rebasaron, por primera vez, en el 2002, las ventas a toda Suramérica, los 13 países situados al sur de Panamá. La crisis de ese subcontinente y el vigor del comercio con el norte de África explican ese dato sorprendente en un año en el que las relaciones de España con Marruecos atravesaron una muy mala racha".

(En *El Magreb rebasa a Sudamérica*, de Ignacio Cembrero. *El País*. 11-5-2003)

Cultivo de naranjas

Agricultura, pesca e industria

De los 50 millones de hectáreas de superficie agrícola del país, 19 corresponden a tierras de cultivo. España se encuentra entre los países de mayor renta agraria de Europa (un 14% del total), aunque el número de trabajadores agrícolas (7% de la población activa) está en regresión, como resultado de la tecnificación creciente de las labores agrícolas. España es el primer productor mundial de accite de oliva, el primer país de la UE en productos agrícolas biológicos, el tercer productor de cítricos (naranjas, limones...) y de vinos y el cuarto por el número de ensayos de cultivos científicos. La tecnificación y la aplicación en la agricultura de sistemas de producción industrial ha convertido a España en la huerta de la UE. A los cultivos de invernadero se dedican unas 50.000 hectáreas y la superficie dedicada a la agricultura ecológica se ha incrementado en un 8%. El *Plan Nacional de Regadíos* prevé invertir 5.000 millones de euros hasta 2008 en la renovación de las infraestructuras. Las ventas en el exterior de productos agrícolas y agroalimentarios suponen el 15% del total de las exportaciones.

Pesqueros faenando

Campo de olivos

- Industrias importantes son la siderúrgica, alimentaria, química, textil, del calzado, cemento, vidrio, juguetes, cueros y pieles y, sobre todo, la del sector de la automoción y de vehículos industriales.
- España es el sexto productor mundial de automóviles, cuyas ventas en el exterior representan un importante capítulo del total de las exportaciones españolas.

Exposición de automóviles

España se encuentra entre los países de mayor renta agraria de Europa: 14% del total.
Las ventas en el exterior de productos agrícolas y agroalimentarios suponen el 15% del total de las exportaciones.
La producción ganadera española supone el 9,5% de la comunitaria.
España es el tercer productor de carne de la Unión Europea, el cuarto de huevos y el sexto de leche.
La flota pesquera española es la más potente de la UE, dispone de 17.521 barcos y ocupa a cerca de 65.000 trabajadores.
Las capturas españolas suponen el 16,4% de las europeas.
La producción pesquera española sólo cubre el 40% del consumo interno.

El tejido empresarial

El Corte Inglés en Lisboa

- El número total de empresas en 2001 era de 2.645.317, de las cuales 1.289.660 correspondían al sector servicios, 796.690 al comercio, 314.705 a la construcción y 244.262 a la industria.
- Las empresas pequeñas y medianas (Pymes) constituyen el 99% del total.
- Las Pymes suelen generar más puestos de trabajo que las grandes, son menos sensibles que estas a las crisis y se adaptan mejor a las circunstancias del mercado; poseen, sin embargo, menos capacidad que las grandes para invertir en I+D (Investigación y Desarrollo) y para competir en los mercados internacionales.

PIB por ramas de actividad	
Agraria y pesquera:	3,1%
Energética:	3,2%
Industrial:	15,4%
Construcción:	8,6%
Servicios:	60,0%
Servicios de mercado:	46,7%
Servicios de no mercado:	13,3%
Impuestos netos sobre los productos:	9,7%
IVA que grava los productos:	6,1%
Impuestos netos sobre productos importados:	0,2%
Otros impuestos sobre productos:	3,4%

Airbus

El desarrollo económico no habría sido posible sin la existencia de un tejido empresarial, con sociedades privadas nacionales y extranjeras, altamente tecnificado, competitivo y con fuerte presencia en el exterior. Todo ello ha contribuido a equilibrar el déficit de la balanza de pagos. Las cien primeras empresas industriales generan casi el 50% de las exportaciones nacionales. Repsol es la más importante compañía petrolífera española. CASA, empresa

Zara en Berlín

de construcciones aeronáuticas, participa en la construcción del Airbus y exporta sus productos prácticamente a los cinco continentes. El Corte Inglés es la más importante cadena en el sector de grandes almacenes. Inditex, propietaria de Zara, especializada en la fabricación de ropa de diseño de consumo masivo, dispone de centros comerciales en un gran número de países. Iberia es una de las compañías aéreas mas rentables de la UE. Telefónica encabeza el mercado español en el ámbito de las telecomunicaciones. ACS y Dragados constituyen el primer grupo constructor y de servicios de España y el tercero de Europa. Chupa-Chups se ha erigido en uno de los líderes mundiales de la dulcería. Varios bancos españoles, entre ellos el Bilbao-Vizcaya-Argentaria (BBVA) y el Santander Central Hispano (BSCH) se encuentran entre los treinta primeros del mundo. Iberdrola y Gas Natural son grandes sociedades en el campo de la energía. Entre las empresas de la automoción destacan SEAT, Ford España, Opel España, FASA Renault España y Citroën Hispania.

Algunas de las más grandes empresas españolas.

Endesa
www.endesa.es
Capital social: 1.270, 50 euros.
Fecha de constitución 18-11-1944.
Actividad: Mercado eléctrico de España y América Latina. Líder de su sector con más de 22 millones de clientes.

Telefónica
www.telefonica.es
Capital social: 4.671, 92 euros.
Fecha de constitución: 19-04-1924.
Actividad: Mercado de las telecomunicaciones. Está entre las diez compañías de telecomunicaciones más grandes del mundo.

Repsol YPF
www.repsolypf.com
Capital social: 1.220, 86 euros.
Fecha de constitución: 12-11-1986.
Actividad: Mercado energético y petroquímico. Líder en España y Argentina. Suministra gasolina bajo las marcas Repsol, Petronor y Campsa.

Cepsa
www.cepsa.es
Capital social: 267.574,941 euros.
Fecha de constitución: 26-09-1929.
Actividad: Mercado del petróleo y petroquímica.

Altadis
www.altadis.com
Fecha de constitución: 05-03-1945.
Más de 24.000 profesionales.
Actividad: Mercado del tabaco.
Altadis es el resultado de la fusión entre Tabacalera y Seita.

Privatizaciones y fusiones

Puesto expositor de Telefónica

Con la aprobación en junio de 1996 del *Programa de Modernización del Sector Público Empresarial del Estado* dio comienzo la privatización de las empresas de titularidad pública y la desaparición de los monopolios. La Sociedad Estatal de Participaciones Industriales (SEPI) ha privatizado numerosas empresas y tiene previsto desprenderse de todas aquellas en las que ha capital público, excepto de la agencia de noticias Efe de RTVE y de la minera Hunosa. España, como otros países europeos, se ha reservado el derecho a impedir -"acción de oro"- el control de las empresas estatales privatizadas por empresas extranjeras. Se fomentan las fusiones entre empresas a fin de elevar el nivel de calidad y de crear grupos competitivos en el interior y en el exterior. Las concentraciones empresariales están sometidas a las normas de la Ley de la Competencia para evitar la aparición de grandes monopolios.

El crecimiento del consumo

- El consumo ha crecido durante los últimos años una media anual del 6,3%.
- El gasto en servicios se incrementa a mayor ritmo que el de la adquisición de bienes.
- Crece el gasto en vivienda y suministros domésticos, transporte, diversiones, ocio y cultura.
- El consumo privado supone un 60% del PIB y representa tres cuartas partes del consumo total.
- Según Eurostat, España resulta un 22% más barato que la media europea para comer, fumar y beber.

A qué destinan sus ingresos las familias españolas	
Vivienda y suministros domésticos:	26,92% del gasto
Alimentos y bebidas no alcohólicas:	19,25% " "
Transportes:	12,40% " "
Hoteles, cafés y restaurantes:	9,34% " "
Ropa y calzado:	7,28% " "
Ocio y cultura:	6,14% " "
Mobiliario, equipamiento doméstico y mantenimiento de la vivienda:	4,87% " "
Bebidas alcohólicas y tabaco:	2,71% " "
Salud:	2,42% " "
Comunicaciones:	1,94% " "
Enseñanza:	1,51% " "
Otros bienes y servicios:	5,22% " "

Ahorro, endeudamiento y fiscalidad

El ahorro familiar tiende a la baja en la misma medida que aumenta el consumo de bienes y servicios. Los bajos tipos de interés han duplicado el endeudamiento de los españoles en el espacio de siete años. El 55,6% de los españoles tiene contraído algún préstamo.

La compra de la vivienda es la principal responsable del endeudamiento de las familias españolas: el 37% de los préstamos es hipotecario.

Pisos en construcción

EL⊕MUNDO

"Según los últimos datos publicados por el Banco de España, los pasivos o deudas de las familias han crecido un 13,2% entre junio de 2001 y de 2002, mientras que su ahorro, o activos, ha disminuido cerca de un 2%.

Ese fuerte aumento de los préstamos percibidos por las familias, junto a la ligera disminución de su ahorro, explica que su riqueza financiera neta haya caído más de un 9% en 12 meses y un 7,1% en sólo un trimestre.

Las familias tenían 706.378 millones de euros de riqueza financiera porque acumulaban 1,13 billones de euros en activos financieros, pero al tiempo debían 428.095 millones de euros, la mayor parte de ellos en prestamos a largo plazo, es decir, hipotecas".

(En *"Cae un 9,2% el ahorro de las familias, que se sitúa en su nivel más bajo desde 1998"* (EFE). *el mundo.es.* 9-12-2002)

- Según la Comisión Europea, España es el segundo país de Europa con menor presión fiscal: 35,3% del PIB (la media europea es 41,6%).
- Según datos de la OCDE, el IRPF* español y las cotizaciones sociales suponen el 19% del salario medio.

En marzo de 2003, según datos del Banco de España, la deuda de las administraciones de las Comunidades Autónomas ascendía a 42.025 millones de euros. Las más endeudadas eran la Comunidad Valenciana (10,4% de su PIB), Galicia (8,3%), Cataluña (7,5%) y Andalucía (7,3%), y las menos eran el País Vasco (2,2%), Canarias (2,7%), Cantabria (3,0%), Castilla-León y La Rioja (3,1%). Los superávits de la Seguridad Social han permitido compensar los déficits registrados por las Administraciones Públicas durante los ejercicios 2001 y 2002.

IRPF: Impuesto sobre el Rendimiento de las Personas Físicas

Banco de España

Las inversiones españolas en el exterior y las inversiones extranjeras en España

- España es uno de los ocho mayores inversores internacionales.
- Las inversiones españolas se dirigen sobre todo a la UE y a Iberoamérica.
- A España se le considera el noveno país más atractivo del mundo y el tercero de Europa para la inversión extranjera.
- En los tres últimos años la inversión extranjera en España ha experimentado un retroceso.
- La UE (en un 70%, aproximadamente) y los EE UU (sobre un 5%) son los principales inversores extranjeros en España.
- Por países, los mayores inversores en España son Holanda, Francia, Luxemburgo, Reino Unido, Italia y EEUU.

ESTRELLA DIGITAL
WWW.ESTRELLADIGITAL.ES

"España mantiene una de las primeras posiciones mundiales como país inversor y exportador de capitales, con más de 35.000 millones de dólares en el pasado ejercicio [2001]. La cifra supone un recorte de cierta significación sobre las inversiones realizadas por las empresas españolas el año anterior, más de 53.500 millones de dólares. España es uno de los ocho mayores inversores internacionales, un puesto que ha ido consolidando en los últimos años y que se ha traducido además en un carácter de exportador neto, es decir, con más exportaciones que entradas de capitales."

(En *El freno a la inversión fuera*, de Pilar González, *Estrella Económica*. 8-3-2002)

Madrid ocupa el tercer puesto entre las ciudades europeas como polo de atracción de grandes empresas.

La convergencia con la Unión Europea

Índice de convergencia de España con la UE	
1990:	57,80%
1995:	81,10%
1999:	83,00%
2000:	86,60%
2001:	87,46%
2002:	87,80%
2004:	95,00%

- Previsiblemente, España superará el nivel medio de riqueza de la UE en unos 10 años.
- Varias comunidades autónomas ya lo han alcanzado e incluso lo superan (Madrid, Cataluña, Baleares, Navarra, País Vasco y La Rioja)
- El PIB por habitante de Andalucía, Galicia, Castilla-La Mancha, Murcia y Extremadura todavía no alcanza el 75% de la media de la UE, por lo que reciben fondos comunitarios. Tienen aseguradas estas ayudas hasta 2007.

Las carreteras y los ferrocarriles

Variante de Estella

Alta Velocidad Renfe

- En 2001, la red viaria española tenía 664.852 km de longitud, de los cuales 536.672 correspondían a tramos interurbanos y 11.152 a autopistas, autovías y dobles calzadas.
- Los ferrocarriles españoles tenían una longitud de 14.272 km.
- Está previsto aumentar la red de gran capacidad a más de 13.000 km en 2010.
- Se ha optado por las líneas de alta velocidad y de cercanías, que son altamente valoradas por la ciudadanía. En 1992 comenzó a funcionar el AVE, el primer tren español de alta velocidad, entre Madrid y Sevilla, que recorre la distancia entre ambas ciudades (471 km) en dos horas y cuarto. El *Programa de Infraestructuras Ferroviarias 2000-2007* prevé completar una red de alta velocidad de 7.500 kilómetros de longitud y conectar entre sí a medio centenar de ciudades. En 2005 circularán en la línea Madrid-Barcelona trenes a 350 km por hora.

Autovía

EL PAIS

"El AVE sigue de moda. En el 2000 superó todas sus marcas económicas al obtener un beneficio neto de 5.892 millones de pesetas, con un incremento del 34,1% respecto al año anterior. Este buen resultado se vio avalado además por un éxito popular al transportar 5.615.010 pasajeros, un 8,3% más que en 1999. Más reseñable aún que este incremento es el hecho de que la línea del AVE Madrid-Sevilla siguió arrebatándole cuota de mercado al avión. Un 83,4% de los viajeros prefieren utilizar el AVE frente a un 16,6% que usaron el avión."

(En *El AVE incrementó sus beneficios un 34% hasta 5.892 millones, en 2000*, de Ramón Muñoz. *El País*. 23-4-2001)

Los aeropuertos y los puertos

Torre de control de Barajas

Estación de metro aeropuerto Madrid-Barajas

- En España hay 42 aeropuertos abiertos al tráfico comercial y seis de ellos se encuentran entre los 30 más transitados de la Unión Europea. *Madrid-Barajas* es el aeropuerto de mayor tráfico de los españoles y el sexto de Europa por el número de pasajeros. En 2002 circularon por los aeropuertos españoles 141,3 millones de pasajeros y 575.827 toneladas de mercancías. El *Plan de Infraestructuras 2000-2007* prevé invertir 5.400 millones de euros en la ampliación de los dos principales aeropuertos del país (*Barajas* en Madrid y *El Prat* en Barcelona), así como en la mejora de las instalaciones que soportan un importante tráfico turístico (Málaga, Alicante, Baleares y Canarias).
- La línea interior más frecuentada es la de Madrid-Barcelona.

Aeropuerto del Prat. Barcelona

Toma de tierra en Barajas

- Los 50 puertos de titularidad estatal desempeñan un importante papel en la distribución del tráfico comercial.
- Más del 52 % del comercio con la Unión Europea se realiza a través de los puertos y aproximadamente el 96% del comercio con terceros países.

Puerto de cruceros de Barcelona

EL VIGIA

PERIÓDICO SEMANAL DE LA LOGÍSTICA, TRANSPORTE, EMPRESAS Y NEGOCIOS

Informes Tylog. Com

MARÍTIMO

Los puertos españoles atraen a los cruceros

Los enclaves del estado sumaron más de 3,3 millones de cruceristas en 2003, con un incremento del 20,43 por ciento respecto 2002. Barcelona lideró el ranking continental con 1.047.731 pasajeros y 758 buques seguido por Baleares.

El Vigía 7/06/04

Las telecomunicaciones

Las telecomunicaciones y las comunicaciones postales han experimentado una importante transformación, debido fundamentalmente a la introducción de las nuevas tecnologías y a la liberalización del sector.

Antena de comunicaciones

- Las telecomunicaciones por cable alcanzarán en 10 años al 90% de los españoles.
- El número de usuarios de telefonía móvil es de unos 25 millones.
- El satélite HISPASAT, sistema español de telecomunicaciones para servicios de televisión analógica y digital, voz, datos, Internet, etc., constituye un importante puente de comunicación entre Europa y América.

Correos se ha convertido desde 2001 en una sociedad anónima estatal; en poco tiempo abrirá una oficina virtual por Internet, servirá de intercambiador de documentos electrónicos de carácter administrativo y competirá en el mercado libre. En mayo de 2001 comenzó a funcionar la compañía privada *Vía Postal*, que en un plazo de cinco años aspira a hacerse con el 40% de la cuota de mercado.

Satélite Hispasat

Usuarios de Internet

2000: 5.486.000
2003: 11.600.000

Equipamiento de los hogares

Porcentaje de hogares que lo tienen (%)

Televisión:	98,6
Internet:	25,4
Teléfono:	90,2
DVD:	28,1
Ordenador:	42,0
Ordenador portátil:	5,2
Ambos ordenadores:	43,4
Impresora:	37,8
Escáner:	18,7
Grabadora de CD:	20,1
Cámara fotodigital:	8,8
Cámara video digital:	7,9

(Fuente: Ministerio de Ciencia y Tecnología)

Televisión, Radio y Prensa

Los grandes grupos de comunicación españoles son, entre otros, *Correo, Prisa, Prensa Española* y *Zeta*. Editan periódicos, suplementos y revistas, y poseen editoriales, cadenas de radio y televisiones. A los medios de comunicación social se les suele considerar el "cuarto poder", por su enorme influencia en la formación de opinión. El 54,8% de los españoles considera que la diversidad de medios garantiza el pluralismo informativo.

Dª Letizia Ortiz en su época de presentadora de televisión

Cabeceras de periódicos

- Existen cadenas de televisión estatales (*TVE1, la 2*), autonómicas (*Telemadrid, Canal Sur, Canal 9...*) y privadas (*Antena 3, Tele 5*).
- El número de las televisiones locales ha experimentado un aumento del 21% en los tres últimos años (*Localia, Popular, Canal 7...*).
- Las cadenas de radio convencionales de mayor audiencia son: *la SER, Onda Cero, RNE-1* y *la COPE*.
- En España se publican unos 150 diarios, con una venta de unos cuatro millones de ejemplares.
- Los diarios de información general más leídos habitualmente son *El País, ABC, El Mundo, La Vanguardia, El Periódico* y *La Razón*; los económicos *Cinco Días, Expansión* y *La Gaceta*, y los deportivos *Marca, As* y *Mundo Deportivo*. Entre los periódicos gratuitos destaca *20 Minutos*, diario de información general leído por 1.427.000 personas.
- Los periódicos españoles, al contrario que la televisión, se encuentran entre los europeos que más espacios dedican a la cultura.
- Entre las revistas de información general de mayor tirada y prestigio destacan *Cambio 16, Época, Tiempo, La Clave* y *Tribuna*.
- Revistas culturales de prestigio son, entre otras muchas, *Claves de Razón Práctica, Saber/Leer, Revista crítica de libros, El Basilisco, La Balsa de la Medusa, Archipiélago, Cuadernos de crítica de la cultura, Revista de Libros, Cuadernos Hispanoamericanos, Clarín, Bitzoc, Litoral, Revista de Occidente* y *Qué leer*.

Audiencia de los medios de comunicación entre los mayores de 16 años (año 2000)

Diarios:	32,5%
Revistas:	53,3%
Radio:	53,0%
Televisión:	89,4%
Cine:	10,2%
Vídeo-hogar:	4,9%
Internet:	7,0%

(Fuente: Anuario Social de España 2000)

**Mercado de la prensa
Periodo: julio 2003 – junio 2004
(número de lectores)**

El País:	462.089
El Mundo:	299.570
ABC:	276.497
La Vanguardia:	209.891
El Periódico de Catalunya:	170.660
La Razón:	144.595

(Fuente: OJD)

Antena 3

Según el *Anuario Social de España 2000*, editado por la Fundación La Caixa, la audiencia de los medios de comunicación entre los mayores de 16 años es la siguiente: Diarios: 32,5%; Revistas: 53,3%; Radio: 53,0%; Televisión: 89,4%; Cine: 10,2%; Vídeo-hogar: 4,9%; Internet: 7,0%.

Los niveles de bienestar y renta

Los españoles han conseguido un nivel de bienestar similar al de los países más avanzados de la U.E. Factores básicos del mismo son la Seguridad Social, con su sistema de universalidad de prestaciones -pensiones, seguro de desempleo, asistencia médico-sanitaria- y la Educación, que favorece la igualdad de oportunidades

El Anuario Estadístico realizado por la Fundación La Caixa confirma las tendencias de finales del siglo XX:

- Niveles de renta y bienestar más altos en la mitad norte que en la sur y más en la zona este que en la oeste.
- Pais Vasco, Navarra, Baleares, Cataluña y Madrid son las comunidades de mayor nivel de bienestar. Extremadura, Andalucía, Castilla-La Mancha y Galicia las de menor nivel.
- Las provincias más ricas son Álava, Navarra, Gerona, Guipúzcoa y Lérida. Cáceres, Cádiz, Córdoba, Granada, Jaén y Badajoz son las menos ricas.
- La renta media por habitante de Madrid, Baleares, Cataluña, Navarra, País Vasco y La Rioja es superior a la media de la UE.

Según la Comisión Europea, el 19% de los hogares españoles percibe una renta anual inferior al 50% de la media nacional. Según un estudio del Consejo Económico Social, sólo un 3,9% de los hogares puede calificarse de realmente pobre. Entre las ayudas que perciben los hogares pobres destacan los Ingresos Mínimos de Inserción, que son gestionados por los Gobiernos autonómicos, por lo que su cuantía oscila en las diferentes comunidades.

La Seguridad Social

Los recursos de la Seguridad Social proceden del Estado y de las cotizaciones de los trabajadores y las empresas.

- El número de afiliados a la Seguridad Social se ha incrementado en más de tres millones desde marzo de 1996.
- Las afiliaciones crecen a mayor ritmo que la economía y que el empleo.
- El número de afiliados en 2004 era de casi 17 millones de personas.
- A comienzos del nuevo siglo hay 2,28 cotizantes por cada pensionista.
- Se estima que el superávit de la Seguridad Social se mantendrá hasta el año 2010.
- Según datos de la OCDE, España es el segundo país de la UE que más ha incrementado las inversiones en sanidad desde 1970.
- El gasto público sanitario asciende al 7% del PIB.
- El 67% de los españoles está satisfecho de la sanidad pública .
- El sistema sanitario español ocupa el quinto lugar entre todos los del mundo por su nivel de calidad.

Distribución del gasto social

Pensiones:	46,3%
Sanidad:	29,6%
Invalidez:	7,6%
Familia:	2,7%
Desempleo:	12,2%
Marginación social:	1,6%

(Fuente: Eurostat)

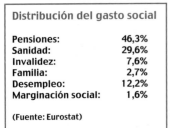

La Educación

Artículo 27

El artículo 27 de la Constitución proclama el derecho de los españoles a la educación y establece los principios básicos de la legislación educativa:

* Libertad de enseñanza.
* Obligatoriedad y gratuidad de la básica (la enseñanza es obligatoria para todos los niños y jóvenes de entre seis y dieciséis años de edad).
* Descentralización y autonomía de los centros.
* Participación ciudadana en su gobierno y gestión, etc.

Alumnos en su clase

* Gasto público en educación: 4,5% del PIB.
* La demanda de plazas universitarias no suele coincidir con la oferta, que, excepto en el campo de las Ciencias de la Salud, suele ser superior a aquella.
* Como resultado del bajo índice de nacimientos, el número de estudiantes tiende a la baja: en el curso 2001-2002 hubo 99.760 alumnos menos que en 2000-2001.
* El País Vasco, Navarra y Madrid son las comunidades con más alto nivel educativo y con mayores porcentajes de jóvenes que acaban los estudios superiores.
* Los niveles más bajos se dan en Canarias, Andalucía y Extremadura.
* Según Eurostat, el 70,5 de los jóvenes españoles continúa sus estudios al alcanzar la mayoría de edad.
* El número de universitarios extranjeros en los centros españoles se ha incrementado en un 60% en cinco años.
* Porcentaje de estudiantes en centros privados: 8,7%.
* Número de profesores: 611.400.

Alumnos de segundo de la ESO

Alumna de Formación Profesional

Universidad de Salamanca

Demanda de las enseñanzas superiores	
Sociales y jurídicas:	49%
Técnicas:	23%
Humanidades:	12%
Salud:	9%
Experimentales:	7%.

Número de alumnos por ciclos de enseñanza

Educación Infantil:	1.200.000
Enseñanza Primaria:	2.470.000
Educación Especial:	27.000
Enseñanza Secundaria:	1.906.000
Bachillerato:	720.400
Formación Profesional:	6.900.000
Universidad:	1.500.000

(Fuente: La clave de la opinión pública. N° 104. 11–17 abril 2003)

Universidad Nacional de Educación a Distancia

Del sistema de enseñanza y educativo se denuncian los siguientes aspectos:

- El escaso porcentaje del PIB que se le asigna.
- El aumento de las desigualdades regionales y el alto índice de fracaso escolar.
- La inadaptación de las enseñanzas profesional y universitaria a las necesidades de las empresas y de la sociedad.
- La degradación de la función docente.
- La insuficiente presencia de las humanidades y de las lenguas clásicas en los planes de estudio y deficiencias en la enseñanza de las matemáticas, lengua e inglés.

Politécnica de Valencia

Complutense de Madrid

"Reformaré la Ley Orgánica de Calidad de la Educación y la Ley de Universidades"

(José Luis Rodríguez Zapatero, en el debate de investidura.15-4-2004)

La vivienda

El precio de la vivienda se ha incrementado entre un 28% y un 47% desde 1999. La subida obedece a varios factores: fuerte demanda, bajos intereses de los préstamos hipotecarios (3,87% en 2003, los más bajos de Europa después de Finlandia) y aumento del precio del suelo y de los materiales de construcción.

Edificio en construcción

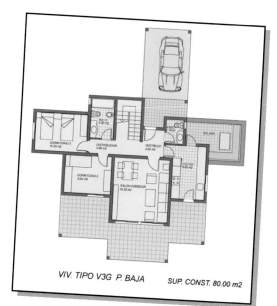

VIV. TIPO V3G P. BAJA   SUP. CONST. 80.00 m2

Plano del piso

- El índice de viviendas en propiedad es del 66%.
- El 73% de las deudas familiares corresponden a préstamos para la adquisición de viviendas.
- Según el INE, los alquileres se han reducido un 9,2% en 10 años, mientras que el total de viviendas se ha incrementado un 21%.
- Hay cerca de tres millones de viviendas vacías.
- En la escasa oferta de viviendas de alquiler (11,5%) influye el hecho de que las leyes protegen más al inquilino que al propietario.

"Mi Gobierno va a afrontar el mayor problema con que hoy conviven millones de familias españolas: la imposibilidad de acceder a una vivienda en condiciones razonables. Combatiremos la especulación del suelo, mediante un Plan que, diseñado por el nuevo Ministerio de la Vivienda y concertado con las comunidades, pondrá a disposición de las familias a precios asequibles 180.000 viviendas anuales más, poniendo en juego, para ello, la bolsa de suelo de las Administraciones."

(José Luis Rodríguez Zapatero, en el debate de investidura. 16-4-2004)

7 La cultura

Cartel de *Hable con ella*   Plácido Domingo   Pedro Almodóvar   Pintura de Miquel Barceló

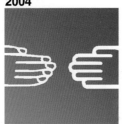

El dinamismo cultural de la España contemporánea se ha visto favorecido por la realización de grandes proyectos y la creación de una infraestructura de alto nivel. Entre los grandes acontecimientos actuales destacan la capitalidad cultural europea de Santiago de Compostela (2000), de Salamanca (2002) y el Foro Universal de las Culturas de Barcelona (2004).

Las lenguas de España:

Artículo 3
1. El castellano es la lengua española oficial del Estado. Todos los españoles tienen el deber de conocerla y el derecho a usarla.
2. Las demás lenguas españolas serán también oficiales en las respectivas Comunidades Autónomas de acuerdo con sus Estatutos.
3. La riqueza de las distintas modalidades lingüísticas de España es un patrimonio cultural que será objeto de especial respeto y protección.

- El español es la lengua oficial de España y de 20 países de Hispanoamérica.
- Comparte la oficialidad con el catalán, gallego y vasco en sus respectivas Comunidades Autónomas: Cataluña, Galicia y País Vasco.
- Existen otras lenguas minoritarias o dialectos: bable (Asturias), fabla aragonesa (Aragón) y aranés (Valle de Arán).

Español o castellano

- Al español se le denomina también *castellano*, por Castilla, su región de origen. Este nombre lo distingue de las otras lenguas españolas. El empleo de ambos términos es correcto. (Últimamente es más usual el de español).
- Es hablado por unos 400 millones de personas, de las cuales sólo el 10% es español.
- Es la lengua neolatina más hablada.
- Es el cuarto idioma más hablado del mundo, después del inglés, del chino y del hindi.

Pérez Reverte · Jorge Guillén · Catedral de Santiago · El Kursaal, de Rafael Moneo · Desnudo, foto de Toni Catany

Catalán, gallego, vasco y las lenguas minoritarias

- El *catalán* se habla en Cataluña. Sus variedades balear y valenciana se hablan, respectivamente, en las islas Baleares y en la Comunidad Valenciana.
- El *gallego* es hablado por dos millones y medio de personas.
- El *vasco* o *euskera* es hablado por un millón de personas, aproximadamente.
- El *bable* es hablado por el 44% de los asturianos.
- *La fabla aragonesa* es hablada por unos 11.000 ciudadanos de los valles pirenaicos aragoneses.
- El *aranés* es hablado por unas 3.700 personas del Valle de Arán (Lérida).

CATALUÑA

PAÍS VASCO

GALICIA

Els Segadors

(himno oficial de Cataluña)

Catalunya triomfant,
tornarà a ser rica i plena
Endarrera aquesta gent
tan ufana i tan superba

Bon cop de falç!

LOS SEGADORES
(Traducción al castellano)
*Cataluña triunfante
volverá a ser rica y plena
Atrás esta gente
tan ufana y tan soberbia*

¡Buen golpe de hoz!

Gernikako Arbola.

Gernikako arbola
da bedeinkatua
Euskaldunen artean
guztiz maitatua.
Eman ta zabal zazu
munduan frutua
adoratzen zaitugu
arbola santua

EL ARBOL DE GUERNICA
(Traducción al castellano)
*El árbol de Guernica
es símbolo bendito
que ama todo euskalduna
con entrañable amor.
Arbol santo: propaga
tu fruto por el mundo
mientras te tributamos
ferviente admiración.*

Cantares galegos de Rosalía de Castro

Cantarte hei, Galicia
teus dulces cantares
Que así no pediron
Na beira do mar
...
que así no pediron
que así no mandaron
que cante e que cante
na lengua que eu falo

CANTARES GALLEGOS
(Traducción al castellano)
*Quiero cantarte, Galicia
Tus dulces cantares
Que así me lo pidieron
A orillas del mar
...
que así me lo pidieron
que así me lo exigieron
que cante y que cante
en la lengua que hablo*

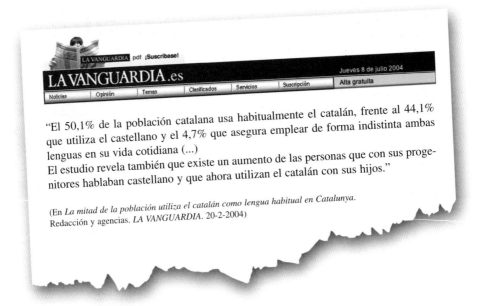

LA VANGUARDIA pdf ¡Suscríbase!

LA VANGUARDIA.es

Jueves 8 de julio 2004

Noticias | Opinión | Temas | Clasificados | Servicios | Suscripción | Alta gratuita

"El 50,1% de la población catalana usa habitualmente el catalán, frente al 44,1% que utiliza el castellano y el 4,7% que asegura emplear de forma indistinta ambas lenguas en su vida cotidiana (...)
El estudio revela también que existe un aumento de las personas que con sus progenitores hablaban castellano y que ahora utilizan el catalán con sus hijos."

(En *La mitad de la población utiliza el catalán como lengua habitual en Catalunya.*
Redacción y agencias. *LA VANGUARDIA*. 20-2-2004)

La presencia creciente en los ámbitos escolar y administrativo de las diferentes lenguas que se hablan en España, además del castellano, ha impulsado su conocimiento y uso habitual; sin embargo, algunos analistas son pesimistas respecto a su futuro.

elcorreodigital

"...tras los grandes números que se airean con ventas millonarias de libros y de incrementos espectaculares de audiencias en los medios de comunicación públicos, no hay una mejora real de la situación del euskera ni una mayor esperanza para el futuro, sino al contrario."

(En *Atxaga augura la desaparición de la comunidad euskaldun a medio plazo*, de Benjamín Luna.
*El Corre*o. 27-12-2001)

Presencia de las lenguas españolas en Internet

Español:	**quinto lugar**
Catalán:	**vigésimo tercero**
Gallego:	**trigésimo noveno**
Vasco:	**cuadragésimo.**

(Fuente: Asociación *Softcatalá*)

La creación literaria

La narrativa

Arturo Pérez Reverte

Desde el último tercio del siglo XX se ha recuperado el arte tradicional de la novela realista -ficción, argumento, personajes-. Se escriben muchas novelas por encargo, personajes famosos hacen incursiones esporádicas en la literatura, los premios literarios suelen tener un amplio eco en los medios de comunicación y, en consecuencia, el género ha alcanzado un alto nivel de difusión y se ha convertido en un producto de consumo cuya calidad no siempre está a la altura de su éxito comercial.

- La novela urbana, la policíaca o negra, la de intriga, la histórica, la de entretenimiento y las memorias son los subgéneros más cultivados.

Terenci Moix

EL PAIS

"El desprestigio que, desde el punto de vista de calidad literaria, sufre la novela tiene su origen, en parte, en las leyes devoradoras del mercado y en la banalidad que impregna la cultura de la sociedad moderna. Estas causas han hecho que se considere la novela como el más frívolo de los géneros literarios y que los novelistas seamos vistos y utilizados como marionetas mediáticas. Símbolos o marcas de una realidad social cada vez más ruidosa e impostada, dispuesta a servirse de la novela como trampolín publicitario de sus productos de mercado."

(En *La enfermedad de la novela*, de Nuria Amat. *El País*. 13-11-2001)

Los diez libros más vendidos en España (año 2003)

1. *La reina del Sur,* **Arturo Pérez Reverte**
2. *Harry Potter y la piedra filosofal,* **J. K. Rowlands**
3. *El Señor de los Anillos,* **J.R. Tolkien**
4. *La ciudad de las bestias,* **de Isabel Allende**
5. *Los aires difíciles,* **de Almudena Grandes**
6. *Los estados carenciales,* **de Ángela Vallvey**
7. *El arpista ciego,* **de Terenci Moix**
8. *La citación,* **de John Grishman**
9. *Soldados de Salamina,* **de Javier Cercas**
10. *Vivir para contarla,* **de Gabriel García Márquez**
11. *La voz dormida,* **de Dulce Chacón**

(Fuente: Elaboración propia)

Soldados de Salamina
Javier Cercas

Manuel Vázquez Montalbán

Francisco Umbral

Nombres relevantes de la narrativa actual son, por ejemplo, Juan José Millás, Enrique Vila-Matas, Rosa Montero y Eduardo Mendoza. Algunos escritores han alcanzado gran proyección internacional, como Javier Marías, Antonio Muñoz Molina o Arturo Pérez-Reverte. Entre los nuevos valores, Juan Manuel de Prada, Lucía Etxebarria, Eloy Tizón, Belén Gopegui, Carlos Ruiz Zafón y Javier Cercas son autores de éxito. Junto a los nuevos autores, otros de promociones anteriores o más veteranos gozan del favor del público, por ejemplo: Ana María Matute, Miguel Delibes, Juan Marsé, Álvaro Pombo, Francisco Umbral y Manuel Vázquez Montalbán.

Juan Manuel de Prada

www.clubcultura.com
www.capitanalatriste.com

Rosa Montero

Javier Marías

Almudena Grandes

Lucía Echevarría

El teatro

El género de la comedia tradicional burguesa y el teatro de autor predominan en la escena española, junto con nuevas formas que combinan representación escénica y otros elementos visuales y sonoros.

La comedia burguesa cuenta con un público fiel y con autores -Juan José Alonso Millán, Jaime Salom, José Luis Alonso de Santos- de obras de excelente factura. El teatro de autor está experimentando un renacer en los últimos años con José Sanchis Sinisterra, Albert Boadella, Salvador Távora y Francisco Nieva. Nuevos valores de la escena española son, por ejemplo, Juan Mayorga y Antonio Onetti. Hoy en día, el director comparte fama y prestigio con el autor e incluso a veces le supera. Calixto Bieito es un controvertido director de escena que ha escandalizado y apasionado a públicos de media Europa por lo atrevido e innovador de sus creaciones.

La Fura dels Baus

El retablo
de las maravillas
Cinco variaciones sobre un tema de Cervantes

Els Joglars

Albert Boadella

Los espectáculos dramático-visuales suelen incluir variados elementos visuales, gestuales y sonoros, mimos, humor, sátira y parodia; han desbordado el marco tradicional del espacio escénico -salen incluso a la calle- y son campo abonado para la experimentación y la innovación. Diversos grupos -La Fura dels Baus (www.lafura.com), Els Joglars (www.elsjoglars.com), Dagoll Dagom (www.dagolldagom.com), La Cuadra de Sevilla (www.teatrolacuadra.com) Els Comediants, etc.- han conseguido un alto nivel de calidad y repercusión internacional.

La poesía

En la poesía contemporánea dominan dos tendencias fundamentales:

- Conceptual o culturalista, que experimenta con el lenguaje y sirve de expresión de conflictos extraliterarios.
- Realista o posmoderna, que trata temas humanos y cotidianos y se sirve de la métrica tradicional y de un lenguaje accesible al gran público.

Luis García Montero

Nombres relevantes son, entre otros, Jorge Urrutia, Antonio Colinas, Luis García Montero, Ana Rossetti, Carlos Marzal y Andrés Sánchez Robayna. Entre los nombres emergentes de la nueva poesía, Luisa Castro y Carmen Jodra son autoras de éxito. Entre los poetas de generaciones anteriores de gran actualidad destaca, por ejemplo, Leopoldo de Luis.

El auge de las lenguas regionales se ha traducido en el de las respectivas literaturas. Grandes nombres son, por ejemplo, Alex Susanna y Quim Monzó (catalanes), Bernardo Atxaga (vasco) y Suso de Toro (gallego).

www.escritoras.com/escritoras

Los premios literarios

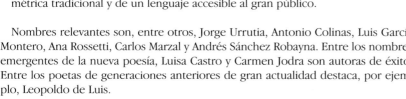

El más importante premio literario español es el Cervantes, que "ha conseguido reunir, en sus 25 años de joven historia, a los escritores más sobresalientes del siglo"

(*El Mundo*. 25-4-2001)

Camilo José Cela

Rafael Alberti

PREMIOS CERVANTES	
1976:	Jorge Guillén
1977:	Alejo Carpentier
1978:	Dámaso Alonso
1979:	J. L. Borges / G. Diego
1980:	Juan Carlos Onetti
1981:	Octavio Paz
1982:	Luis Rosales
1983:	Rafael Alberti
1984:	Ernesto Sábato
1985:	G. Torrente Ballester
1986:	A. Buero Vallejo
1987:	Carlos Fuentes
1988:	María Zambrano
1989:	Augusto Roa Bastos
1990:	Adolfo Bioy Casares
1991:	Francisco Ayala
1992:	Dulce María Loynaz
1993:	Miguel Delibes
1994:	Mario Vargas Llosa
1995:	Camilo José Cela
1996:	José García Nieto
1997:	G. Cabrera Infante
1998:	José Hierro
1999:	Jorge Edwards
2000:	Francisco Umbral
2001:	Álvaro Mutis
2002:	José Jiménez Lozano
2003:	Gonzalo Rojas

- Entre los oficiales, el *Premio Nacional de las Letras* distingue la obra completa de un autor; los *Premios Nacionales* en las distintas modalidades (poesía, teatro, narrativa y ensayo) reconocen la mejor obra publicada durante el año.

- Entre los privados, el *Planeta* (www.editorial.planeta.es/premio2002) es el de mayor cuantía económica del mundo (360.000 euros) después del *Nobel*. Muy codiciados son el *Nadal, Primavera* y *Alfaguara*, así como los *Max* de teatro y *Adonais* e *Hiperión* de poesía. El *Ramón Llull* es el más importante premio literario catalán.

El pensamiento y el ensayo

Entre las corrientes surgidas en la Transición democrática, el nietzscheanismo -Eugenio Trías, Fernando Savater, etc.- reinterpreta el vitalismo y el nihilismo del filósofo alemán; los analíticos -Javier Muguerza, Javier Sádaba, Jesús Mosterín, etc.- siguen un neopositivismo basado en la fe en la ciencia y en sus métodos y prestan especial atención a cuestiones éticas, lógicas y del lenguaje. El pensamiento posmoderno se caracteriza por la pluralidad de corrientes de límites imprecisos, el interés por la identidad de la propia filosofía, el debilitamiento de su sentido profundo o "pensamiento débil", el alejamiento de los problemas metafísicos y de los tratados tradicionalmente por la ontología, y el rechazo de metas y objetivos trascendentes y absolutos.

- El ensayismo se ha abierto a una extensa variedad temática: crítica de arte, cine, literatura y música, asuntos históricos, lingüísticos y sociológicos y relacionados con los nacionalismos, el terrorismo y la inmigración, con la globalización de la economía, la ecología, las nuevas formas de exclusión, la integración europea, los fundamentalismos religiosos y el renacer del racismo y del fascismo, el pensamiento único y el débil, las nuevas tecnologías y las cuestiones morales planteadas por la investigación genética.

El arte, la música y el cine

- En el arte conviven los estilos y corrientes del último cuarto del siglo XX con innovadoras formas y lenguajes, muchos de los cuales se sirven de los nuevos soportes de las tecnologías de la información y de la comunicación.
- El arte contemporáneo es cosmopolita y heterogéneo, además de escasamente crítico y transgresor.
- La reproducción mecánica, el video-art y las tecnologías informáticas propician su difusión y la interacción entre los creadores y el público.
- La feria madrileña de arte *Arco* es exponente de la vitalidad de la creación artística y del coleccionismo en España.

Rafael Moneo

Rafael Moneo, poseedor del Nobel de la arquitectura, el Pritzker Price, es autor de emblemáticos edificios como el Museo de Arte Romano de Mérida (www.monumentalia.net), la Catedral de Los Ángeles (USA) y el Kursaal de San Sebastián, que ha sido galardonado con el prestigioso Premio Mies van der Rohe. Santiago Calatrava, también escultor, es autor, por ejemplo, de puentes que combinan funcionalidad y vanguardia, de innovadores proyectos como el Turning Torso de Malmoe (Suecia), la planificación urbanística de la Zona Cero neoyorkina y diversos trabajos en Atenas para las Olimpiadas 2004. Ricardo Bofill es arquitecto ecléctico (www.ricardobofill.com), entre cuyas creaciones destacan un rascacielos en Chicago (Estados Unidos) y la remodelación de la estación ferroviaria de Bolonia (Italia). Oriol Bohigas es arquitecto y urbanista en permanente renovación. Entre los arquitectos de gran proyección internacional también figuran Alfonso Milá y Federico Correa, urbanizadores de la Zona Olímpica de Barcelona. Fernando de Terán es urbanista que parte de la concepción de la ciudad como una obra de arte en sí misma. Miguel Fisac lleva a cabo una continua aportación a los aspectos económicos, sociales, estéticos y tecnológicos de la arquitectura. Los FAD (Fomento de las Artes Decorativas) constituyen unos de los premios más prestigiosos a la obra arquitectónica.

El Kursaal de San Sebastián

Tàpies

Entre la extensa nómina de artistas plásticos, Miquel Barceló (www.miquelbarcelo.org) es pintor neoexpresionita, Susana Solano es escultora minimalista, Antoni Tàpies (www.tonitapies.com/03-04.htm) es pintor informalista, Antonio Hernández es pintor y escultor hiperrealista, Eduardo Arroyo es pintor y escultor "pop" y neofigurativo, y Luis Gordillo es pintor de la "nueva abstracción".

Miquel Barceló

La fotografía se ha convertido en un género autónomo y ha experimentado un renovado auge desde la época de la *Movida*, en los años ochenta del siglo XX, movimiento de la progresía madrileña que identificó fotografía y diseño con rasgo identitario fundamental de la posmodernidad artística. Cristina García Rodero registra costumbres y tradiciones, Juan Manuel Prieto Castro indaga en las relaciones entre música e imagen, Leopoldo Pomés "no teme enfrentarse a lo feo, a lo triste y a la belleza absoluta", y Toni Catany imprime un intenso lirismo a sus escultóricos desnudos masculinos.

"Las artes plásticas hispánicas desde la mitad del siglo hasta la actualidad han producido una auténtica constelación, una verdadera pléyade de creadores de las más distintas tendencias y de amplia proyección universal, cuya mera densidad hace muy difícil componer una lista de algo que se parezca a "los diez principales".

(En *Los Top Ten del Arte español*, de J. J. Navarro Arisa, en *Descubrir el Arte*. Año II. Número 22. Diciembre 2000)

 www.culturalianet.com

Fotografía de Toni Catany

• En la creación musical conviven, como en las artes plásticas, las formas y corrientes del último cuarto del siglo XX con los nuevos lenguajes.

Entre los grandes compositores contemporáneos, Luis de Pablo ha abierto nuevos caminos a la música operística y a la cinematográfica mediante la fusión de formas occidentales con otras exóticas; Antón García Abril y Miguel Ángel Coria crean sonidos cuya fusión se realiza en el oído del oyente (impresionismo); Tomás Marco experimenta formas inéditas de expresión musical (experimentalismo); Cristóbal Halffter transmite sus propias impresiones al margen de las reglas tonales tradicionales (expresionismo). Mauricio Sotelo, autor de la ópera *Mnemosine o El Teatro de la memoria*, es, quizá, la más destacada personalidad de la nueva generación musical española. Plácido Domingo, Josep Carreras, Teresa Berganza, Montserrat Caballé y Ainhoa Arteta son intérpretes españoles de reconocido prestigio internacional. Gran personalidad del panorama musical español es Jordi Savall, investigador, director, intérprete y concertista.

Plácido Domingo

Ainhoa Arteta

Josep Carreras

Montserrat Caballé

- En el cine español (www.cultura.mecd.es/cine) predomina lo narrativo sobre el espectáculo y la comedia es el género más cultivado.

- En los últimos años se observa un auge del documental y del cine de animación.

- La concesión del Óscar de Hollywood (2000) a la película *Todo sobre mi madre*, de Pedro Almodóvar, inauguró el nuevo siglo con los mejores augurios para el cine español. La película *El Bola*, ópera prima de Achero Mañas, fue galardonada en 2001 por el Foro del Cine Europeo de Estrasburgo y por la Academia Europea del Cine. Pedro Almodóvar consiguió, en 2003, un nuevo Oscar de Hollywood (al mejor guión original) para su película *Hable con ella*, que había anteriormente sido premiada por la Asociación Internacional de la Prensa de Los Ángeles (EE UU) con el Globo de Oro a la mejor película extranjera.

Estatuilla de los premios Oscar

Pedro Almódovar

Cartel de *Juana la Loca*
Cedido por Enrique Cerezo, P.C.

EL ⬛ MUNDO

La aparición de nuevos realizadores -Alejandro Amenábar, Achero Mañas, Julio Medem, Álex de la Iglesia, Fernando León de Aranoa, Icíar Bollaín, Juanma Bajo Ulloa, Marc Recha, etc.- no se ha traducido en el aumento de la cuota de mercado del cine nacional, que es todavía muy modesta. Según *El País*, en el año 2002 el número de espectadores de cine español descendió un 37%. Su presencia en el extranjero es también modesta: sólo el 10% de la producción nacional logra salir al exterior.

Algunos actores españoles -Penélope Cruz, Antonio Banderas, Javier Bardem, Victoria Abril, Sergi López- han alcanzado fama y reconocimiento internacionales. Penélope Cruz fue calificada por la revista neoyorkina *Vanity Fair* (abril de 2001) una de las diez estrellas del cine contemporáneo. Javier Bardem fue el primer actor español candidato al Óscar, y Sergi López fue proclamado el mejor actor de 2000 por la Academia de Cine Europeo. Entre las nuevas actrices, Pilar López de Ayala obtuvo el Goya 2002 a la mejor intérprete por su papel en *Juana la Loca*.

Estatuilla de los premios Goya

Penélope Cruz

Antonio Banderas

Javier Bardem

- Entre los festivales de cine españoles, los de mayor prestigio son el de San Sebastián, el de Sitges y la Semana Internacional de Cine de Valladolid, la Seminci, que se ha abierto a un cine inteligente y comprometido con la realidad.
- Los premios Goya, otorgados por la Academia Española de Cine, son los de mayor prestigio en la cinematografía nacional.

La moda y el diseño

- A pesar de la gran tradición de la moda española, esta se ha incorporado tardíamente a los circuitos internacionales.
- Hoy día comienza a ser competitiva y muchos creadores españoles han logrado labrarse una imagen de marca en el exterior. Miguel Adrover, Custo Barcelona, Josep Font, Amaya Arzuaga, Roberto Verino y Adolfo Domínguez son algunos de los más importantes diseñadores del momento. Las pasarelas *Cibeles* (Madrid), *Gaudí* (Barcelona) y *del Carmen* (Valencia) desempeñan una importante labor de promoción de la moda española. Grupos como *Inditex*, propietario de *Zara, Massimo Dutti* y *Pull and Bear*, han popularizado e internacionalizado la producción y comercialización internacional de ropa de diseño moderno a precios muy competitivos.
- Los diseñadores manifiestan la influencia de las nuevas tecnologías, de los nuevos materiales y de la música; postulan un arte respetuoso con el medio ambiente, con los materiales y con las formas, e insisten en la necesidad de combinar estética y sentido práctico.
- Grandes nombres del diseño español contemporáneo son, por ejemplo, Alberto Corazón y Javier Mariscal.

La ciencia y la inversión en I+D

- España se encuentra entre los primeros países en investigación en ciencias biológicas, biomédicas, matemáticas, químicas y astrofísicas.
- La producción científica española es la undécima del mundo y representa el 2,6% de la mundial; sin embargo, sólo el 0,6% de las patentes son españolas.
- Entre todos los parámetros que definen la sociedad del conocimiento, el gasto en I+D (0,96% del PIB en 2001, 0,98 en 2002) es el peor colocado.
- El alto nivel logrado en algunas materias científicas contrasta con el déficit tecnológico, que resta competitividad a las empresas españolas y obliga a importar patentes y marcas extranjeras.

> *"Hay una alternativa seria y europea en materia de investigación, desarrollo e innovación como elemento determinante de la productividad. Primero, aumentar en 2004 en un 27% el presupuesto en materia de investigación para avanzar en ese plan de convergencia con la media europea en Investigación y Desarrollo."*
>
> (José Luis Rodríguez Zapatero, en el debate de los Presupuestos Generales del Estado. 28-10-2003)

Relevantes premios de la ciencia española son el Nacional Santiago Ramón y Cajal de Investigación Científica, el Nacional Leonardo Torres Quevedo de Investigación Técnica, el Nacional Gregorio Marañón de Investigación Médica y el Premio para Jóvenes Investigadores Rey Juan Carlos I de Investigación Humanística y Científico-Social.

La Ley de Reproducción Humana Asistida (2003) permite la investigación con células madre embrionarias.

La cultura popular tradicional

- España es uno de los países europeos que mejor ha conservado el legado de su cultura popular tradicional: folclore, trajes regionales, deportes rurales, artesanía, etc.
- Las fiestas populares favorecen la convivencia y la participación ciudadanas. Entre las más conocidas destacan la Feria de Abril, la Semana Santa de Sevilla, el Rocío (www.rocio.com), las Fallas de Valencia (www.fallas.com), los Sanfermines de Pamplona (www.sanfermin.com), el Corpus Christi de Toledo, los carnavales de Cádiz y Santa Cruz de Tenerife, la Feria del Caballo de Jerez de la Frontera, las de moros y cristianos (recomendamos teclear en la red "moros y cristianos") en diversas localidades de la costa levantina, y las fiestas de San Isidro en Madrid.

Romería del Rocío

Un aspecto negativo a destacar es que la creciente modernización y el ocaso de las viejas culturas campesinas se está traduciendo en la desaparición del legado arquitectónico y urbanístico rural.

Encierro en San Fermín

El Camino de Santiago

 (www.caminosantiago.com)

Concha del peregrino

Mojón señalizador

Catedral de Santiago de Compostela

Pórtico de la Gloria

Señalización del Camino

Apóstol Santiago

En el siglo IX se reavivó la antigua creencia en la predicación del Apóstol Santiago en España. Según la leyenda, su tumba se localizó gracias a unas estrellas en un lugar de Galicia que tomaría el nombre de Santiago de Compostela -*Campus Stellae*-, donde en 1075 comenzó a construirse una gran catedral. La tumba del Apóstol se convirtió a partir de entonces en importante centro de las peregrinaciones cristianas. Entre los caminos que los peregrinos recorren hasta llegar a Santiago de Compostela, el francés o ruta jacobea es el más transitado.

8 Problemas, cuestiones y debates

Los problemas que más preocupan a los españoles son similares a los de sus socios comunitarios, así como otros específicos como los derivados del desarrollo del Estado Autonómico y del auge de los nacionalismos y los regionalismos.

España siglo XXI

Focos
sobre

- **El terrorismo**
- **El paro**
- **La inmigración**
- **Los nacionalismos**
- **La reforma de la Constitución, del Senado y de los Estatutos de Autonomía**
- **La cuestión lingüística**
- **La reforma de la Justicia**
- **La delincuencia**
- **La drogadicción**
- **La violencia doméstica**
- **El futuro de las pensiones**
- **El medio ambiente**
- **La conciencia ecológica**
- **El agua**

Foco sobre

El terrorismo

- El terrorismo suele aparecer en las encuestas como el primer motivo de preocupación para los españoles.

- España sufre el terrorismo de ETA, organización terrorista que aspira a conseguir la independencia del País Vasco por medio de atentados extremadamente violentos y de la intimidación (extorsiones, impuestos revolucionarios, secuestros). Estos hechos han obligado a más de 200.000 ciudadanos vascos a emigrar a otras regiones de España.

- De forma inesperada, España se ha convertido en el blanco de los ataques terroristas de un sector de Al-Qaeda, el Grupo de Combate Islámico Marroquí, autor de los atentados del 11 M en Madrid

En diciembre de 2000, el Gobierno y el PSOE suscribieron un pacto antiterrorista –"Por las libertades y contra el terrorismo"–, al cual se unieron posteriormente numerosas fuerzas sociales, sindicales y políticas de España y del extranjero.

Cartel anti-ETA. Mamos limpias

Manifestación contra el terrorismo

La Comisión del Consejo de Europa contra el racismo y la intolerancia se manifestó (julio de 2003) "particularmente preocupada por la dimensión xenófoba y étnica de las acciones violentas perpetradas por la organización terrorista ETA."

"Los bárbaros atentados del 11-M han sido obra, según los indicios hasta ahora disponibles, de una célula de Al-Qaeda, que probablemente ha tratado de forzar con ellos una retirada de Irak.

El principal sospechoso detenido hasta el momento ha tenido relación con la célula española de al-Qaeda que presuntamente colaboró en la preparación de los atentados del 11-S. Estamos muy probablemente ante un 11-S europeo y ello obliga a que España y la UE hagan de la lucha contra la amenaza yihadista el objetivo central de su estrategia de seguridad."

(En *Ante la matanza de Madrid,* de Juan Avilés. Real Instituto Elcano. N° 9. Abril 2004)

ETA

El paso de la dictadura al régimen de libertades se logró a pesar de la amenaza constante de ETA, grupo terrorista vasco extremadamente violento que incrementó sus asesinatos y sus ataques contra la democracia a medida que esta se afianzaba. ETA quiere lograr la independencia del País Vasco.

Así nació la banda terrorista

Bilbao, 31 de julio de 1959. Un grupo de estudiantes radicales disidentes del colectivo EKIN -nacido en 1952 para reaccionar contra la pasividad y el acomodo que en su opinión padecía el PNV- funda Euskadi Ta Askatasuna (Euskadi y Libertad). Es el nacimiento de ETA, una alternativa ideológica a los postulados del PNV que se apoya en cuatro pilares básicos: la defensa del euskera, el etnicismo (como fase superadora del racismo), el antiespañolismo y la independencia de los territorios que, según reivindican, pertenecen a Euskadi: Álava, Vizcaya, Guipúzcoa (en España), Lapurdi, Baja Navarra y Zuberoa (en Francia).

Su primera acción violenta se produce el 18 de julio de 1961: el intento fallido de descarrilamiento de un tren ocupado por voluntarios franquistas que se dirigían a San Sebastián para celebrar el Alzamiento.

En estos primeros años, la policía persigue a sus miembros, que se dedican a colocar pequeños artefactos sin apenas consecuencias, hacer pintadas de «Gora Euskadi» (Viva Euskadi) y colocar ikurriñas (la bandera vasca). Las bases de la organización se consolidan en mayo de 1962, en la celebración de su I Asamblea en el monasterio de Belloc (Bayona, Francia), donde se presenta como «Movimiento Revolucionario Vasco de Liberación Nacional». El grupo rechaza cualquier colaboración con partidos o asociaciones no nacionalistas vascas y apuesta por una fuerte campaña proselitista. Es aquí cuando se autodefinen como una «organización clandestina revolucionaria» que defiende la lucha armada como el medio de conseguir la independencia de Euskadi.

Extracto de www.el-mundo.es/eta/historia.html

Estudiantes contra el terrorismo

Víctimas de ETA	
Civiles:	339
Miembros de las Fuerzas Armadas o Cuerpos policiales:	478
Total:	**817**
Por Comunidades:	
País Vasco:	547
Madrid:	121
Cataluña:	55
Navarra:	40
Otras:	54
Total:	**817**

Cartel anti-ETA

Manos limpias

Manifestación

Manifestación en Madrid contra ETA

Al-Qaeda

Reconstrucción del tren del atentado

Osama Bin-Laden

Madrid 11-M

Velas y lazos negros en la estación de Atocha

Al terrorismo de ETA se ha añadido el del integrismo islámico. El 11 de marzo de 2004 la ciudad de Madrid fue víctima de tres dramáticos atentados que causaron cerca de 200 víctimas mortales y unos 1.500 heridos. Las fuentes policiales señalaron, en su momento, al Grupo de Combate Islámico Marroquí como autor de dichos atentados. Este grupo, relacionado con Al-Qaeda, anunció que había atacado al "corazón de los cruzados", por la participación de España en la guerra de Irak.

A causa de estos atentados, las elecciones generales del 14 de marzo se celebraron en un clima de intensa emotividad.

Manifestación en la estación de Atocha contra los atentados del 11-M

Foco sobre

Oficina del paro

El paro

El paro es otro de los problemas que más preocupan a la sociedad española.

- Afecta fundamentalmente a las mujeres, a los jóvenes que buscan su primer empleo, a los trabajadores no cualificados y a los mayores de 50 años.
- El paro registrado a comienzos del nuevo siglo oscila, según las distintas estimaciones, entre el 8,5% y el 11,5% de la población activa.

Madrid	**ABC**	Año CI
Jueves 30		Número 32.442
septiembre de 2004		Precio: 1 euro

FUNDADO EN 1903 POR DON TORCUATO LUCA DE TENA

"Se prefiere el ocio al trabajo, si éste es duro o denigrante. No se puede criticar esta traslación a España de este fenómeno, que suele ser denominado "efecto Rottenberg", porque cada español debe reaccionar del modo que le resulta más cómodo, pero sí decir que esto no indica, precisamente, que vivamos en un país con fuertes tasas de desocupación, digan lo que digan las diversas estimaciones."

(En *La población activa y el paro*, de Juan Velarde Fuertes. Abc. 17-6-2001)

Cartel de *Los lunes al sol*, película que trata sobre el problema del paro

- Según la Comisión Europea, los problemas más graves del empleo en España son el paro estructural de larga duración, el alto ídice de contratación temporal, la escasa disponibilidad de los trabajadores para cambiar de lugar de residencia y la gran diferencia de tasa de paro entre hombres y mujeres.

- **En los últimos años, se ha generado empleo en España a un ritmo por encima de la media comunitaria (2,5% en 2001 frente al 1,2% en la UE).**
- **Para el periodo 2004–2007 se prevé un crecimiento del empleo a un ritmo del 2,6%.**
- **Muchos parados ejercen actividades remuneradas en la llamada economía sumergida, por lo que la tasa real de paro es inferior a la oficial.**

PARO EN MARZO DE 2004

	Total parados	Tasa de paro(%)
Andalucía:	363.414	11,33
Aragón:	33.222	6,37
Asturias:	58.619	13,28
Baleares:	34.073	8,03
Canarias:	113.380	12,69
Cantabria:	23.827	9,73
Castilla–La Mancha:	83.216	11,29
Castilla y León:	105.478	9,98
Cataluña:	203.089	6,40
Comunidad Valenciana:	51.420	7,47
Extremadura:	66.076	14,58
Galicia.	157.032	12,30
Madrid:	203.824	7,98
Murcia:	36.707	6,82
Navarra:	17.270	6,70
País Vasco:	75.473	7,52
La Rioja:	8.039	6,69
Ceuta:	5.333	17,66
Melilla:	4.124	14,38
Total España:	1.743.706	9,18

(Fuente: INEM)

Foco sobre

La inmigración

- El número de inmigrantes crece constantemente en España.
- Los medios de difusión se hacen eco frecuentemente de la detención de grupos de inmigrantes clandestinos en las costas andaluzas y canarias, así como de naufragios que suelen causar numerosas víctimas.
- El 60% de los españoles considera que llegan más inmigrantes de los que el país puede acoger.
- El 58,1% cree que el aumento de la delincuencia está vinculado a la inmigración ilegal.
- Según el barómetro del CIS de mayo de 2003, el 85,1% de los españoles se manifestaba a favor de permitir la entrada sólo a los inmigrantes con contrato de trabajo.
- El número de extranjeros residentes en España a comienzos de 2004 era de cerca de 2.700.000 personas, el 6,2% de la población total.
- Se estima en millón y medio la cifra de inmigrantes ilegales, por lo cual, la cifra de residentes extranjeros se elevaría, entre legales e ilegales, a tres millones de personas, es decir, en torno a un 7% de la población total.
- En las nuevas inscripciones registradas en el Padrón en 2003, 686.224 correspondían a extranjeros (78,05%) y 192.946 a españoles (21,955).
- Los ecuatorianos han pasado a ocupar el primer puesto entre los extranjeros inscritos en el Padrón (390.297; 14,65% del total) en 2003, seguidos por marroquíes (378.347; 14,23%), colombianos (244.684; 9,18%), britanicos (161.597; 6.06%), rumanos (137.347; 5,16%), y alemanes (130.232; 4,89%).

Madrid

Jueves 30
septiembre de 2004

ABC

Fundado en 1903 por Don Torcuato Luca de Tena

Año CI

Número 32.442

Precio: 1 euro

"Más de 550 inmigrantes fueron detenidos ayer cuando intentaban alcanzar las costas de Tarifa, Fuerteventura y Granada. Se trata de la llegada masiva más importante desde el año 2000, sólo superada el 18 de agosto de 2001, cuando fueron interceptados un total de 567 irregulares. Los arrestados ayer en las ocho operaciones desarrolladas por la Guardia Civil elevan a 15.985 el número de "sin papeles" detenidos en lo que va de año, casi 2.500 más que el año anterior. La mayoría de los arrestos se han producido en el Estrecho, convertido de nuevo en ruta preferente de las mafias que ante el elevado coste del viaje a las Canarias han decidido retomar esta vía de entrada."

(En *La llegada de más de medio millar de "sin papeles" eleva a 16.000 los detenidos este año*, de Isabel Gallego. abc.es. 16-10-2003)

Se estima que al ritmo actual de llegada de inmigrantes, estos podrían representar el 27% de la población en 2015, frente al 6,20% actual.

Foco sobre
Los nacionalismos

- Aspiran a conseguir el máximo de autonomía política y administrativa y, en el caso del PNV y de Esquerra Republicana, la independencia del País Vasco y Cataluña respectivamente.
- Alegan derechos históricos, hechos diferenciales y agravios comparativos.
- Representantes de los partidos nacionalistas CiU, PNV y BNG, firmaron, en el verano de 1998, la *Declaración de Barcelona*, en la que propusieron abrir nuevas vías de diálogo, el reconocimiento de las nacionalidades catalana, vasca y gallega, y la sustitución del Estado Autonómico por una organización confederal más acorde con la pluralidad de España.
- El nacionalismo vasco es el más radical: el PNV reclama el derecho de autodeterminación y la "libre asociación" de Euskadi con España.

Bandera española junto a la catalana

El Euskobarómetro hecho publico en julio de 2003, puso de manifiesto que el 51 % de los vascos tenía escaso o ningún interés en conseguir la independencia, frente al 31 % que se manifestaba a favor; el 70% estaba satisfecho con el Estatuto de Autonomía y el 25% insatisfecho.

- Los nacionalistas catalanes demandan soberanía compartida y poderes de Estado para su gobierno autónomo, la Generalidad, dentro del marco constitucional. Defienden la integración de Cataluña en el Estado a través del pacto con la Corona y la redacción de un nuevo estatuto que recoja los derechos históricos de Cataluña anteriores a la Constitución.
- Como reacción frente a los nacionalismos, toman cada vez más fuerza movimientos autonomistas en el resto de las comunidades españolas, sobre todo en Aragón, Valencia, Canarias, Andalucía, Baleares y Asturias.
- Consecuencia del auge de los nacionalismos son la debilidad del Estado central, el aumento de las dificultades para llevar a cabo acciones de alcance nacional y de interés general y la pérdida de energías en el permanente debate sobre la organización del Estado.

"Pocas dudas se ofrecen de que el problema político más importante con que se ha enfrentado la vida política española en estos diez años ha sido la cuestión nacional."
(En *El futuro de la cuestión nacional*, de Andrés de Blas, El siglo. 481. Del 29 de octubre al 4 de noviembre de 2001)

Elecciones Parlamento Vasco 2001

Partido	Votos	% Votos	Escaños
EAJ-PNV / EA	599.746	42,72%	33
PP	323.918	23,12%	19
PSE-EE / PSOE	250.919	17,8%	13
EH	142.784	10,1%	7
EB / IU	78.448	5,5%	3

(Fuente: Gobierno Vasco.)

Elecciones Parlamento Catalán 2003

Partido	Votos	% Votos	Escaños
CiU	1.018.115	30.93	46
PSC	1.026.030	31,17	42
ERC	542.045	16,47	23
PP	390.650	11,87	15
ICV	240.358	7,30	9

(Fuente: lavanguardia.es)

Foco sobre

La reforma de la Constitución, del Senado y de los Estatutos de Autonomía

- Desde diversas instancias se reclaman la reforma de la Constitución, de los Estatutos de Autonomía y del Senado. Se trata de adaptar a los nuevos tiempos y circunstancias el sistema autonómico y de convertir el Senado en una verdadera Cámara de representación territorial, función que en opinión de la mayoría no venía desempeñando. El Gobierno presidido por José Luis Rodríguez Zapatero ha asumido estas demandas.

interviú

"Se ha hablado tantas veces de una auténtica cámara de representación territorial que ya cansa, se ha planteado en tan reiteradas ocasiones la reforma del Senado que ya resulta poco creíble y se han abordado tantos debates sobre el estado de las autonomías que apenas se entrevé su verdadera y rotunda utilidad."

(En *Una Cámara desdibujada*, de Antonio San José. Interviú. N°. 1.332. Noviembre de 2001)

Expansión·com

"Zapatero ofreció a todas las fuerzas políticas un consenso básico para afrontar "una reforma concreta y limitada de la Constitución" para abordar problemas concretos, destacando como prioridad la reforma del Senado. El líder socialista también dejó claro que apoyará las propuestas de reforma de los estatutos de autonomía."

(En *Opinión. Zapatero, de la teoría a la práctica.* Expansión. 16-4-2004)

Foco sobre

La cuestión lingüística

- En las Comunidades Autónomas poseedoras de lenguas vernáculas se está tratando de poner fin a la situación de privilegio del español, lo que de hecho significa el retroceso de esta lengua a favor de aquéllas y, probablemente, el comienzo del fin del bilingüismo tradicional.

  Problemas relacionados con las lenguas están también planteados en otras comunidades: en Valencia ha existido tradicionalmente un debate entre quienes consideran la lengua vernácula una variante del catalán y quienes defienden su especificidad; en Asturias se reivindica el carácter de lengua del bable, el habla regional, y se demanda su normalización y oficialización; en Aragón se aspira a institucionalizar la cooficialidad del catalán, en las zonas donde éste se habla, junto con el castellano; y por todas partes se ensalzan y defienden los localismos lingüísticos.

EL ADELANTADO

"Me resisto a privilegiar con el nombre de español a un idioma, el castellano, puesto que hay otros que tienen derecho legítimo a ser considerados también españoles. Igual que muchos hispanoamericanos prefieren utilizar el término castellano porque no sugiere ninguna dependencia respecto de la antigua metrópoli, muchos catalanes, vascos, valencianos, mallorquines o gallegos prefieren usar el mismo vocablo para reivindicar la cultura propia y soportar la presión histórica de la lengua castellana.

Y ésta es una postura respetable. El castellano es la lengua oficial del Estado, y común de las gentes y los pueblos que lo integran, pero eso no le da derecho a ser titular de una entidad plurilingüística."

(En ¿Castellano o español?, de Enrique Jesús Pérez Sastre. El Adelantado de Segovia. 7-11-2001)

ABC

Madrid		Año CI
Jueves 30		Número 32.442
septiembre de 2004		Precio: 1 euro

FUNDADO EN 1903 POR DON TORCUATO LUCA DE TENA

Manuel Marín usa el catalán para pedir a un diputado de ERC que pregunte a Alonso en castellano.

El presidente del Congreso, Manuel Marín, cortó por dos veces al portavoz adjunto del Grupo Parlamentario de ERC, Joan Tardá, que intentó formular su pregunta al ministro del Interior en la sesión de control en catalán, y le pidió en esa lengua que respetara el Reglamento de la Cámara Baja y se dirigiera al pleno en castellano.

(ABC. 3 de junio 2004, sin firmar)

Foco sobre

La reforma de la Justicia

- La Justicia, junto con los políticos y con los partidos políticos, ocupa los últimos puestos en la valoración de los ciudadanos. El Gobierno del PP y el PSOE suscribieron un pacto (mayo de 2001) sobre su reforma y modernización, que se llevará a la práctica durante dos legislaturas.

"Se persigue que la Justicia actúe con rapidez, eficacia y calidad, con métodos más modernos y procedimientos menos complicados. Que cumpla satisfactoriamente su función constitucional de garantizar en tiempo razonable los derechos de los ciudadanos y de proporcionar seguridad jurídica, al actuar con pautas de comportamiento y decisión previsibles."

(Del *Pacto de Estado para la Reforma de la Justicia*)

Foco sobre

La delincuencia

- Los medios de comunicación informan del aumento del número de delitos.
- Para el 80% de los españoles, la delincuencia tiene su origen en factores de tipo económico.
- El 60% de los delitos guarda relación con las drogas.
- Algo más del 50% de los detenidos son ciudadanos extranjeros.

Media de delitos y faltas en el periodo 1996–2002

Contra el patrimonio:	**1.559.474**
Contra las personas:	**178.338**
Contra la libertad sexual:	**7.479**
Otras infracciones penales:	**147.741**

(Fuente: Instituto de Estudios de Seguridad y Policía)

La drogadicción

- El consumo de alcohol es hábito tradicional y admitido en España. Sin embargo, es el país europeo con mayor número de abstemios.
- El 81,1% de la población ha bebido alguna vez en su vida y un millón de españoles abusa habitualmente del alcohol.
- El consumo medio es de 10,1 litros por persona al año.

Según datos oficiales, 4 de cada 10 muertes en accidente de tráfico son causadas por el consumo excesivo de alcohol, y el 60% de las sentencias penales relacionadas con la droga son motivadas por el consumo de alcohol.

Manifestación en Madrid, a favor de la legalización del cannabis

- Según el Ministerio del Interior (abril de 2003), el 16% de los menores de 15 años ha probado el alcohol y el cannabis.
- El cannabis es la droga más consumida.
- La afición compulsiva al juego (ludopatía) es, junto con el alcoholismo y el consumo de otras drogas, una adicción relativamente corriente y en ascenso en la sociedad española. El problema afecta a 1.670.000 personas, de las cuales el 2,4% son adolescentes.

Índice de fumadores mayores de 16 años: en 2001, 34,4%; en 2003, 31%.

Foco sobre

La violencia doméstica

- La cifra de mujeres víctimas de su marido o novio sigue una curva ascendente muy pronunciada. Se ha disparado la alarma social. Las autoridades gubernamentales intentan frenar esta violencia con una nueva ley que amplía el abanico de medidas preventivas, endurece las penas y facilita las denuncias.

07.07. Manoli Morell Carles (40 años) muere en Els Hostalets de Balenyà (Barcelona) tras ser apuñalada por su marido, que después de la agresión trató de suicidarse.

05.07. Fabiola Dolores González (32 años) muere en el municipio grancanario de Telde tras recibir varias cuchilladas por parte de su marido. La víctima, madre de tres hijos, había denunciado varias veces a su pareja.

05.07. Ana María M. (15 años) es asesinada a golpes en Murcia por su novio (18), que confesó el crimen a unos vecinos.

04.07. Josefa Álvarez Pajares (71 años) muere en Alcobendas (Madrid), tras recibir varias puñaladas en la cabeza y el cuello. Su marido advirtió a su hijo por teléfono de que iba «a hacer una tontería».

Hacia una Ley Integral

DESDE 1991, LAS ASOCIACIONES DE MUJERES vienen pidiendo una ley integral contra la violencia de sexo, una herramienta diseñada para combatir el problema y facilitar la ayuda a las víctimas, pero también para erradicarlo. Por eso, el proyecto de ley, aprobado en el Consejo de Ministros el 25 de junio de 2004, contempla tanto medidas asistenciales como de prevención, con especial atención a las políticas educativas que insistan en la igualdad y el respeto de los derechos de la mujer. Su aspecto más polémico: la discriminación positiva que se establece por penalizar el maltrato doméstico sólo cuando el agresor es un hombre y la víctima, una mujer.

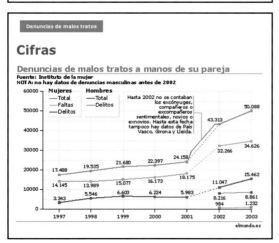

Denuncias de malos tratos

Cifras

Denuncias de malos tratos a manos de su pareja
Fuente: Instituto de la mujer
NOTA: no hay datos de denuncias masculinas antes de 2002

En los últimos años son frecuentes las noticias en la prensa sobre acoso sexual y laboral y sobre la violencia contra las mujeres en el entorno familiar.

- España es el quinto país europeo por la frecuencia de delitos relacionados con la violencia doméstica.
- Según un estudio promovido por el sindicato CC.OO, el 18% de las trabajadoras ha sufrido acoso sexual al menos una vez en su vida, sobre todo las separadas, las divorciadas y las de empleo precario, pero sólo 3% lo denuncia.

Foco sobre

El futuro de las pensiones

- El envejecimiento progresivo de la población producirá, previsiblemente, un desequilibrio entre el número de trabajadores y el de jubilados o pensionistas.
- Los analistas estiman que la insuficiencia financiera de la Seguridad Social comenzará a manifestarse hacia 2015.
- El gasto en pensiones representa entre el 4 y el 5% del PIB y en 2040 habrá aumentado hasta el 8%.
- Los ciudadanos se manifiestan muy sensibles ante la cuestión de las pensiones y están cada vez más convencidos de la necesidad de invertir individualmente en futuro.

Pensionistas en una celebración

el Periódico de Catalunya

"El ministro se refirió al desarrollo del reciente Pacto de Toledo, en donde, entre otras cuestiones, los partidos políticos han dejado abierta la posibilidad de ampliar el periodo de cálculo de las pensiones a toda la vida laboral del trabajador. Según los grupos de la oposición y las centrales sindicales, esta medida rebajaría hasta un 15% las prestaciones y, por tanto, reduciría el gasto público. Los expertos del Ministerio de Trabajo ya han alertado de la posibilidad de que los ingresos del Seguro no lleguen a cubrir los costes después del 2015."

(En *Zaplana imitará el modelo francés y alemán para reformar las pensiones*, de Antoni Fuentes ©, el Periódico, Ediciones Primera Plana, S.A. 17-10-2003)

Foco sobre

El medio ambiente

- El 18,2% del territorio español corre grave riesgo de erosión y desertificación.
- Entre las causas del fenómeno destacan el cambio climático, la deforestación, la irregularidad del régimen de lluvias, los vertidos industriales y las emisiones de gases nocivos, la extensión del urbanismo y el aumento de los desechos urbanos.
- Según datos del Programa de Acción Nacional contra la Desertización (PAND), 14 provincias españolas tienen erosionado más del 50% de su territorio, 7 el 80% y 2, Las Palmas y Alicante, el 100%. Las Comunidades Autónomas más afectadas por este fenómeno son Murcia, Comunidad Valenciana, Canarias y Andalucía.

ESTRELLA DIGITAL

"La erosión es la destrucción del suelo. Un grave problema en España, y síntoma precursor de la desertificación en curso de gran parte del país. Las zonas con índices de pérdida de suelo en que se superan las 50 Tm/ha/año, representan el 18,2 por 100 del territorio nacional (9,6 millones de hectáreas). Y la lucha contra ese fenómeno letal a largo plazo son las correcciones hidrológico-forestales, la masiva creación de nuevos bosques y las técnicas de agricultura de conservación."

(En *Congreso Mundial de Agricultura*, de Ramón Tamames. *Estrella Digital*, 3-8-2001)

Manifestación de niños contra el *Prestige*

El desastre del *Prestige*

El Rey con los voluntarios

- **España, país con déficit de arbolado, sufre, además, durante los meses de verano, incendios forestales no siempre originados por causas naturales o fortuitas.**
- **España sufrió el mayor desastre ecológico de su historia, especialmente Galicia, tras el hundimiento frente a sus costas, el 13 de noviembre de 2002, del petrolero *Prestige*, accidente que afectó directamente a una de las zonas pesqueras más ricas del país.**

Foco sobre

La conciencia ecológica

- El 87% de los españoles se manifiesta preocupado por las cuestiones medioambientales y ecológicas, lo que no suele reflejarse en los comportamientos sociales. Por ejemplo, no es hábito muy extendido el ahorro de agua y energético.

Cartel informativo

Contenedores para recogida de pilas

El consumo de electricidad en los hogares españoles es un 30% superior a la media comunitaria.

La superficie forestal ha aumentado en un 30% en los últimos diez años.

La Estrategia de Desarrollo Sostenible, hecha pública por el Gobierno en diciembre de 2001, se propuso mantener el desarrollo en armonía con el medio ambiente. Entre sus propuestas destacan la instalación en diez años de tejados solares en tres millones de hogares, la plantación en siete años de 320 millones de árboles y la reutilización de 1.200 millones de metros cúbicos de agua al año.

Foco sobre

El agua

- Gran parte del territorio español padece un déficit permanente de agua; sin embargo, el consumo es muy alto.
- A fin de paliar las carencias de algunas regiones se ha llevado a cabo una política de trasvases.
- Los trasvases son rechazados por los ecologistas, por algunos medios científicos y por las Comunidades Autónomas que se consideran perjudicadas por la pérdida de parte de sus recursos.

"La propuesta del Plan Hidrológico Nacional surge con el fin de dar respuesta a los problemas de déficit hídrico detectados en el Libro Blanco del Agua en España, publicado en 1998 por el Ministerio de Medio Ambiente. En este documento se hace una estimación sobre la existencia de excedentes susceptibles de ser trasvasados en determinadas cuencas para corregir los desequilibrios hídricos existentes."

(En *El futuro del agua, el primer gran debate del siglo XXI. Plan Hidrológico: Aragón frente a Levante.* El siglo. 460. Del 7 al 13 de mayo de 2001)

Manifestación contra el Plan Hidrológico

EL ⊕ MUNDO

La otra batalla del Ebro

Las aguas del Plan Hidrológico Nacional fluyen turbulentas. El plan diseñado para trasvasar agua, construir embalses, reforestar cuencas, mejorar los regadíos y optimizar la gestión, ha desatado en los últimos años la polémica por su medida más impopular: el trasvase de 1.050 hectómetros cúbicos anuales del Ebro a las cuencas mediterráneas. El Gobierno del PP se enfrentó a partidos políticos, ecologistas e incluso a las autonomías, en una batalla tan encarnizada como la que se libró en tierras del Ebro durante la Guerra Civil Española. Ahora, el nuevo gobierno de Zapatero está dispuesto a paralizarlo.

(El mundo. Junio 2004)

Bibliografía

NOYA, Javier: *La imagen de España en el Exterior. Estado de la cuestión.* Madrid. Real Instituto Elcano de Estudios Internacionales y Estratégicos. 2002.

RUIZ DE SAMANIEGO, J. y RAMOS, J.M. (eds.): *La generación de la democracia. Nuevo pensamiento filosófico en España.* Madrid. Tecnos/Alianza Editorial. 2002.

CALLAHAN, William J.: *La Iglesia católica en España (1875-2002).* Barcelona. Crítica. 2002.

VV.AA.: *Poesía española reciente (1980-2000)*, Edición de Juan Cano Ballesta. Madrid. Cátedra. 2001.

MILLÁN, José Antonio: *Internet y el español.* Madrid. Biblioteca Fundación Retevisión. 2001.

VV.AA.: *Que piensen ellos. Microensayos.* Madrid. Ópera Prima. 2001.

VV.AA.: *Reflexiones de fin de siglo. Ciclo de Conferencias 1999-2000.* Madrid. Unión Editorial. 2000.

POWELL, Charles: *España en democracia, 1975-2000.* Barcelona. Plaza & Janés. 2001.

España 2000, Ministerio de la Presidencia, Secretaría de Estado de la Comunicación. Madrid. 2000.

GRACIA, Jordi: *Los nuevos nombres: 1975-2000.* Primer Suplemento, en *Historia y Crítica de la Literatura Española* (edición al cuidado de Francisco Rico). Barcelona. Crítica. 2000.

ALBERDI, Inés: *La nueva familia española.* Madrid. Taurus. 1999.

ROMÁN, Paloma (coordinadora): *Sistema Político Español.* Madrid. McGraw-Hill/Interamericana de España, S. A. U. 1999.

DÍAZ GONZÁLEZ, Soledad y PALOP, María Jesús: *Estructura del Estado Español.* Madrid. Acento Editorial. 1998.